OSHO

Osho'nun öğretileri, hiçbir kategoriye sokulamamaktadır; bireysel anlam arayışından, toplumun bugün karşı karşıya kaldığı sosyal ve politik en acil konular dahil olmak üzere birçok şeyi kapsar. Osho, kitap yazmamıştır; onun adıyla yayımlanan kitaplar, 35 yıl boyunca uluslararası seyirciler karşısında irticalen yaptığı konuşmaların ses ve video kayıtlarının deşifre edilmiş halidir. Osho, Londra'da yayımlanan **Sunday Times** tarafından 20. yy.'ın 1000 önemli isminden biri olarak kabul edilmiş, Amerikalı yazar **Tom Robbins** tarafından da "İsa'dan sonra gelen en tehlikeli adam" olarak tanımlanmıştır.

Osho çalışmalarıyla ilgili olarak, kendisinin yeni bir insan türünün doğumu için koşulları hazırlamaya yardımcı olduğunu söylemiştir. Bu insanı çoğunlukla "Zorba Buda" olarak tanımlamıştır. Hem bir Yunanlı Zorba gibi dünyevi zevklerin, hem de bir Gautama Buda'nın sessiz dinginliğinin tadını çıkaran... Osho'nun çalışmalarının tüm yönlerinden bir iplik gibi geçmek, hem doğunun zamansız bilgeliğini hem de batının teknoloji ve biliminin en yüksek potansiyelini kucaklayan bir vizyondur.

Osho, aynı zamanda, modern yaşamın baş döndürücü hızını kabul eden bir yaklaşımla, içsel dönüşüm bilimine yaptığı yenilikçi katkılarıyla tanınmıştır. Benzersiz "Aktif Meditasyonlar"ı, bedenin ve zihnin birikmiş streslerini salıvermek için tasarlanmıştır. Zira, bu şekilde düşüncelerden kurtulup rahat bir meditasyon yapmak daha kolay hale gelmiştir.

*Osho'nun **Omega**'dan çıkan diğer kitapları:*
- *Provokatör Mistik*
- *Meditasyon - İlk ve Son Özgürlük*
- *Zen Ruhunda Tarot*
- *Osho Zen Tarot*
- *Meditasyon*
- *Yoga - Bireyin Doğuşu*
- *Yoga - Zamanın Mekânın ve Arzunun Ötesinde*

OSHO

TANTRA,
Spiritüellik ve Cinsellik

Aşka Dair Bilgelik Kitabı

İngilizce aslından çeviren:
Niran Elçi

Ω
İstanbul

2. baskı: Omega Yayınları, İstanbul 2006
1. baskı: Omega Yayınları, İstanbul 2002

OSHO®

Tantra, Spiritüellik ve Cinsellik

ISBN 975-468-387-5

Yayın yönetmeni: Murat Batmankaya
Editör: Özgü Çelik
İngilizce aslından çeviren: Niran Elçi
Baskı: Engin Ofset
Litros Yolu 2. Matbaacılar Sit. 1 NA33 Topkapı-İst.
Tel: (0212) 612 05 53

Copyright © 2002 Osho International Foundation, Switzerland, www.osho.com
2006, Say Yayınları, İstanbul   Tüm hakları saklıdır.
Eserin özgün adı: TANTRA, SPIRITUALITY AND SEX

Bu kitabın içeriği Osho'nun dinleyici karşısında yaptığı konuşmalardan derlenmiştir.
Osho'nun bütün konuşmaları kitap olarak yayınlanmıştır.

OSHO; Osho International Foundation'a ait tescilli markadır ve izinle kullanılır. (OIF'in sahibi olduğu veya haklarını elinde bulundurduğu ve size OIF tarafından sağlanan bütün bütün Osho fotoğraf ve resimleri için Osho International Foundation'dan _özel izin_ alınmalıdır.)

Daha fazla bilgi için:
www.osho.com

Çeşitli dillerde sunulan bu kapsamlı web sitesi aracılığıyla meditasyon beldesinde online gezinti yapabilir, ulaşım bilgileri bulabilir, kitap ve kasetler hakkında bilgi alabilir, dünya çapındaki Osho Bilgi Merkezleri'ne ulaşabilir ve Osho'nun konuşmalarından seçmeler dinleyebilirsiniz.
Osho International, New York
e-mail: oshointernational@oshointernational.com
www.osho.com/oshointernational

omega
Ankara Cad. 54/12 • TR-34410 Sirkeci-İstanbul
Telefon: 0 212 - 512 21 58 • Faks: 0 212 - 512 50 80
e-posta: sayyayinlari@ttnet.net.tr

Genel Dağıtım: Say Dağıtım Ltd. Şti.
Ankara Cad. 54/4 • TR-34410 Sirkeci-İstanbul
Telefon: 0 212 - 528 17 54 • Faks: 0 212 - 512 50 80
e-posta: dagitim@saykitap.com • online satış: www.saykitap.com

İÇİNDEKİLER

ÖNSÖZ 7

TANTRA DÜNYASI 9

GİRİŞ 11

I. BÖLÜM
TANTRA VE YOGA 13

II. BÖLÜM
MEDİTASYON TEKNİKLERİ: TANTRİK SEVGİ 25

III. BÖLÜM
CİNSELLİKTE KENDİNİ TAMAMEN BIRAKMA 33

IV. BÖLÜM
TANTRİK CİNSELLİK EYLEMİNİN SPİRİTÜELLİĞİ 37

V. BÖLÜM
TANTRA İLE KOZMİK ORGAZM 57

VI. BÖLÜM
TANTRA - TESLİM OLMANIN YOLU 77

MEDİTASYON TATİL KÖYÜ 95

ÖNSÖZ

Böylesi küçük bir kitap... Ve buna rağmen Öteye açılan bir kapı. Sevgililer için bir el kitabı olmaktan çok, bilgelik kitabı, aşka dair, dogmadan uzak, kutsal bir metin, insanın potansiyeline bir dua.

Tıpkı bir şiir kıtası gibi her bir sutra (vecize), sayfa üzerinde çiy damlaları gibi yoğunlaşan, insanoğluna dair derin bir kavrayışı birkaç kelimeyle sunuyor.

Bu kitapta Osho, doğum ve ölüm, cinsellik ve paylaşım, aşk ve meditasyon gibi gerçek ve değerli olan her şeyin oluştuğu şu andaki varoluşun sonsuzluğunu ortaya seriyor.

Tantra kesinlikle hiçbir şeyi reddetmiyor; o artan farkındalıkla birlikte bir kabullenme –hatta teslimiyet– yolu. O, kendine özgü bir dünya, bütün kapıların açık olduğu ve ferah bir rüzgârın her yönden estiği bir dünya.

Osho, uzun yıllar boyunca unutulmuş sırları, cinsel paylaşım ve kendini gerçekleştirme gibi hiç düşünülmemiş bir bağlantıyla yeniden gün ışığına çıkarıyor. Bu mistik Tantrik yazmaları, 1000 yıldan daha uzun bir geçmişe dayanıyor ve Osho bu içgörü keyfini henüz keşfetmemiş Batı dünyası için onları yeniden gözler önüne seriyor.

Daha fazla berraklığa ulaşmak üzere cinsellikten faydalanarak bu paradoksun içine girecek kadar cesur olanlar için –Öteye geçmeye niyetli olanlar için– bu kitap bulunmaz bir cevher.

Sutralara bir giriş olarak Osho, arayış içinde onların, cinsellik eylemini meditasyona özgü bir deneyime dönüştürmeyi kendi yaşamlarında deneyimlerken sordukları sorulara pratik, makul yanıtlar sunuyor. Onlarla birlikte ilerleyip kendiniz için farkına varın: Öteye uzanan en latif kapı bir okşamayla açılıyor.

Dr. Dhan Yogi

TANTRA DÜNYASI

Bazı ön bilgiler:

Birincisi, Vigyan Bhairav Tantra dünyası zihinsel değildir, felsefi değildir. Ona göre doktrin anlamsızdır. Kesinlikle ilkelerle değil, metotla, teknikle ilgilidir. 'Tantra' kelimesi, teknik, metot, yol anlamına gelir. Dolayısıyla felsefi değildir – bunu unutma. Zihinsel sorun ve sorgulamalarla ilgilenmez. 'Niçin'le değil, 'nasıl'la, doğrunun ne olduğuyla değil, doğruya nasıl ulaşılacağıyla ilgilidir.

Tantra teknik demektir. Dolayısıyla bu tez, bu uygulama bilimseldir. Bilim 'niçin'le uğraşmaz, bilim 'nasıl'la ilgilidir. İşte bu, felsefeyle bilim arasındaki temel farktır. Felsefe "Bu niye vardır?" sorusunu sorar, bilimse "Bu nasıl vardır?" sorusunu. "Nasıl" sorusunu sorduğunuzda, metot, teknik önemli hale gelir. Teoriler anlamını yitirir, deneyim odak noktası olur.

Tantra bir felsefe değil, bilimdir. Felsefeyi anlamak kolaydır, çünkü yalnızca akıl gerektirir. Dili anlayabiliyorsan, kavramı anlayabiliyorsan, felsefeyi de anlarsın. Değişmene gerek yoktur; dönüşüm gerektirmez. Mevcut halinle felsefeyi anlayabilirsin, – ama Tantra'yı değil.

Değişmen gerekiyor... Daha doğrusu mutasyona uğraman. Farklılaşmadıkça, Tantra anlaşılamaz, çünkü Tantra zihinsel bir önerme değil, deneyimdir.

Osho

GİRİŞ

Bu kitabın girişi bir şarkı, bir dans ya da sıcak bir yaz akşamında eriyen bir güneş olabilir. Sayfalarında karşılaşacağınız deneyimler tarife meydan okur. Osho, varlığı her birimizin yüreklerimizde taşıdığımız yaşamsal gerçeği doğrulayan, yaşayan bir Usta'dır.

XX. yy.'ın çılgınlığında, her nasılsa, kendi doğamızı görmez olduk. Dünya nevroz ve düş kırıklığının alıp yürüdüğü, öfke ve şiddetin bir uygunculuk tabakasının altında, her an patlamaya hazır bir halde kaynadığı, yabancı ve yapay bir yer oldu çıktı.

Osho, Tantra dünyasını gözlerimizin önüne sererek, çağdaş sıkıntımızın kaynağındaki nedenlere yöneliyor. Cinsellik en temel enerjidir. Varlığımızın her hücresine nüfuz eder. Bizim kaynağımızdır. Ancak çoğunlukla, ya bastırılacak bir enerji ya da başkalarına hükmetme veya onları sömürme aracı olarak, denetlenecek bir şeymiş gibi ele alınıyor.

Osho, kendi benzersiz tarzıyla, bu kalıbı kırıyor. Berrak ve derin kavrayışıyla sahici varlığımızın kapısını açıyor. Görüşünde öbür dünyaya ait bir şey yok. Kökenleri bu dünyada yer alıyor. Başlangıç noktası burada ve şimdi, anahtar da kendimizi olduğunuz gibi kabul etmemiz. Değişim bu kabullenmede yatıyor. Osho'nun paylaştığı, Tantra'nın bu muhteşem sırrıdır. Arzuyu kabul edin, onunla hareket edin, ama yoğun bir duyarlılık, farkındalık ve sevgiyle...

" Cinsellik yalnızca başlangıçtır, son değildir. Ama başlangıcı kaçırırsanız sonu da kaçırırsınız."

Kaçırmayın! Sözlerinin kalbinizde yankılanmasına izin verin. Büyük bir güvenin oluşmasına izin verin. Onun mutlulukla dolu bu yaşam serüveninde sizi taşımasına izin verin.

Swami Premgeet,
Ağustos 1983

Tantra ve Yoga

"Cinsellik temel enerjidir... Yoga'ya göre, bu enerjiyle mücadele et.. Tantra'ya göre, onu kullan, onu dönüştür!"

Pek çok soru vardır. Birincisi:

Osho, geleneksel yoga ile tantra arasındaki fark nedir? Bunlar aynı şey midir?

Tantra ve Yoga esas itibariyle farklıdır. Aynı hedefe ulaşırlar; ancak yolları birbirinden yalnızca farklı değil, birbirine terstir de. Dolayısıyla bu açık bir şekilde anlaşılmalıdır.

Yoga yöntemi aynı zamanda metodolojidir; Yoga aynı zamanda tekniktir. Yoga felsefe değildir. Tıpkı Tantra gibi, Yoga da eyleme, metoda, tekniğe dayanır. Yoga'da da etkinlik varoluşa yönelir, fakat yöntem farklıdır. Yoga'da kişi mücadele etmek zorundadır; savaşçının yoludur bu. Tantra yolunda ise kişi hiç de savaşmak zorunda değildir. Aksine farkındalık içinde, boyun eğmelidir. Yoga farkındalıkla bastırmadır; Tantra'ysa farkındalıkla teslimiyet.

Tantra, her kim olursan ol, nihai olan buna karşı değildir, der. Bu bir gelişmedir; nihai olacak kadar gelişebilirsin. Seninle gerçeklik arasında hiçbir karşıtlık yoktur. Sen onun bir parçasısın, bu yüzden doğanın kavgaya, çatışmaya, karşıtlığa ihtiyacı yoktur. Doğayı kullanmak zorundasın; neyin ötesine geçiyorsan onu kullanmalısın.

Yoga'da ötesine geçmek için kendinle mücadele etmen gerekir. Yoga'da, dünya ve *mokşa**, olduğun gibi sen ve olabileceğin kişi olarak sen, iki karşıt şeydir. Olduğun kişiyi bastır, onunla mücadele et ve onu yok et ki olabileceğin kişiye ulaşabil. Yoga'da ötesine geçmek, bir ölümdür. Gerçek varlığının doğması için ölmek zorundasın. Tantra'nın gözünde, Yoga gizemli bir intihardır: Doğal benliğini –bedenini, içgüdülerini, arzularını, her şeyi– öldürmen gerekir.

Tantra, kendini olduğun gibi kabullen, der. Bu derin bir kabulleniştir. Kendinle gerçek arasında, dünyayla nirvana arasında mesafe bırakma. Hiçbir mesafe bırakma. Tantra'da mesafe yoktur. Ölüm gerekmez. Yeniden doğman için ölüme ihtiyaç yoktur; daha ziyade, aşkınlığa gerek vardır. Bu aşkınlık için kendini *kullan*.

Örneğin cinsellik, temel enerji –sayesinde doğduğun, doğarken beraberinde getirdiğin temel enerji– oradadır. Varlığının ve bedeninin temel hücreleri cinseldir, dolayısıyla cinsellik, insan zihninde dolaşıp durur. Yoga için bu enerjiyle mücadele et. Mücadele ederek, içinde farklı bir merkez yaratırsın. Ne kadar çok mücadele edersen, farklı bir merkezde o kadar bütün hale gelirsin. O zaman cinsellik merkezin olmaz.

Cinsellikle –elbette bilinçli bir biçimde– mücadele etmek, sende yeni bir varoluş merkezi, yeni bir vurgu, yeni bir billurlaşma yaratacaktır. Ardından cinsellik enerjin olmayacak. Cinsellikle mücadele ederek enerjini yaratacaksın. Farklı bir enerji ve farklı bir varoluş merkezi doğacak.

Tantra için cinsellik enerjisini kullan, onunla mücadele etme. Onu değiştir. Düşmanlık açısından düşünme; ona dostane davran. Cinsellik *senin* enerjindir; kötülük değildir, kötü değildir.

* *Mokşa* (Hint): Çile çekilerek varılan en üstün ruhsal durum. *Moksha* biçiminde de yazılıyor. Bu ruhsal duruma ulaşan kişide ruhgöçü durur. (Ed. n.)

Tantra ve Yoga

Her enerji yalnızca nötrdür. Sana karşı kullanılabilir, senin için kullanılabilir. Ondan bir engel, bir bariyer yaratabilirsin; bir girişime de dönüştürebilirsin. Kullanabilirsin. Doğru kullanırsan, dostun olur. Yanlış kullanırsan düşmanın olur. Her ikisi de değildir. Enerji nötrdür.

Sıradan bir adam cinselliği kullanıyorsa, cinsellik düşmanın olur; seni yok eder. İçinde iyice kaybolursun. Yoga karşıt görüşü, sıradan zihnin karşıtını benimser. Sıradan zihni kendi arzularını yok eder. Dolayısıyla Yoga, arzulamayı bırak, arzulardan arın der! Arzuyla savaş ve kendinde arzunun bulunmadığı bir bütünlük yarat.

Tantra arzunun farkına var der. Herhangi bir kavga çıkarma. Tamamen bilinçli olarak arzuyla zamanını geçir. Tamamen bilinçli olarak arzuyla zaman geçirdiğinde, onu aşarsın. Onun içindesindir, ama yine de içinde değilsindir. İçinden geçersin, ama dışarıdaki olarak kalırsın.

Yoga çok hoşa gider, çünkü Yoga yalnızca sıradan zihnin karşıtıdır. Dolayısıyla sıradan zihin Yoga dilini anlayabilir. Cinselliğin seni nasıl mahvettiğini, seni nasıl mahvetmiş olduğunu, bir köle, bir kukla gibi nasıl onun etrafında dönüp durduğunu bilirsin. Sen bunu deneyiminden bilirsin. Bu yüzden Yoga onunla savaş dediğinde, dili hemen anlarsın. Cazibe budur, Yoga'nın kolayca edindiği cazibe.

Tantra bu kadar kolay cazip olamazdı. Zor görünüyor: Arzunun altında ezilmeden nasıl arzuyla hareket edilebilir? Cinsellik ediminde nasıl bilinçli, tam bir farkındalık içinde olunur? Sıradan zihin korkar; bu ona tehlikeli gelir. Tehlikeli olduğu için değil: Cinsellik hakkında her ne biliyorsan senin için bu tehlikeyi yaratır. Kendini biliyorsun, kendini nasıl kandırabileceğini biliyorsun. Zihninin kurnaz olduğunu gayet iyi biliyorsun. Arzuyla, cinsellikle, her şeyle hareket edilebilir ve tam bir farkındalıkla hareket ettiğini söyleyerek kendini kandırabilirsin. Tehlikeyi bu yüzden hissediyorsun. Tehlike Tantra'da değildir, senin içindedir. Yoga'nın cazibesinin nedeni sensin, sıradan zihnin, cinselliği bastıran, cinsel açlık çeken, cinsellik düşkünü zihnin!

Sıradan zihin cinsellik konusunda sağlıklı değildir. Yoga caziptir. Daha sağlıklı cinsellikle –doğal ve normal– daha iyi bir insanlık mümkün olabilir... Biz normal ve doğal değiliz. Kesinlikle anormaliz, sağlıksızız, gerçekten deliyiz. Fakat herkes bizim gibi olduğu için, bunu hiç hissetmiyoruz. Delilik o kadar normal ki, deli olmamak anormal bir durum oluyor. Bizim aramızda, bir Buda anormaldir, bir İsa anormaldir. Onlar bize ait değildirler. Bu normallik bir hastalıktır.

Yoga'nın cazibesini bu normal zihin yaratmıştır. Cinselliği, etrafında herhangi bir felsefe olmaksızın, ondan yana veya ona karşı herhangi bir felsefe olmaksızın, doğal olarak kabul edersen; cinselliği ellerini, gözlerini kabul ettiğin gibi kabul edersen; cinsellik tümüyle doğal bir şey olarak kabul edilirse, o zaman Tantra da cazip olacaktır ve Tantra ancak o zaman pek çok kimse için faydalı olabilir.

Ama Tantra'nın da günü geliyor. Er ya da geç Tantra ilk olarak kitle içinde patlama yapacak, çünkü zaman ilk defa olgunlaştı – cinselliği doğallıkla kabul edecek kadar olgunlaştı. Bu patlamanın Batı'dan gelmesi mümkün, çünkü **Freud, Jung,** Reich bunun altyapısını hazırladı. Tantra hakkında hiçbir şey bilmiyorlar, ama Tantra'nın gelişmesinin temelini oluşturdular.

Batı psikolojisi insanın temel hastalığının cinsellikle ilişkili olduğu, insanın temel deliliğinin cinsellik–yönelimli olduğu sonucuna varmıştır. Bu yüzden bu cinselliğe yönelim kaybolmadıkça, insan doğal, normal olamaz. İnsan yalnızca cinsellikle ilgili tutumları yüzünden yanlış yapmıştır

Herhangi bir tutuma gerek yok ancak o zaman doğal olursun. Gözlerin konusunda nasıl bir tutum takınıyorsun? Onlar kötü mü, yoksa kutsal mı? Gözlerinden yana mısın, yoksa onlara karşı mısın? Hiçbir tutum yok! Gözlerin bu yüzden normal. Bazı tutumlar benimse, gözlerin kötü olduğunu düşün, o zaman görmek zorlaşacaktır. Sonra görmek, cinselliğin aldığı aynı sorunlu şekli alacaktır. Ardından görmek isteyeceksin. Görmeyi arzulayacak ve görme özlemi çekeceksin. Takat gördüğünde suçluluk duyacaksın; gördüğün her an, suçluluk duyacaksın. Yanlış bir şey yapmışçasına, günah işlemişçesine. Görme organının ta kendisini öldürmek isteyeceksin; gözlerine zarar vermek isteyeceksin. Onlara zarar vermek istediğin ölçüde, göze odaklı hale geleceksin. Ardından çok saçma bir etkinliğe başlayacaksın: Giderek daha çok görmek isteyeceksin, aynı anda da giderek daha çok suçluluk duyacaksın. Aynı şey cinsellik merkezinde de gerçekleşmişti.

Tantra, kendini olduğun gibi kabul et diyor. Temel işaret bu – tümden kabullenme. Ancak tümden kabullenmeyle gelişebilirsin. Öyleyse sahip olduğun her enerjiyi kullan. Onları nasıl kullanabilirsin? Onları kabullen, ardından bu enerjilerin ne olduklarının farkına varın. Cinsellik nedir? Bu fenomen nedir? Onunla tanışmıyoruz. Cinsellik hakkında başkalarınca öğretilen çok şey biliyoruz. Cinsellik edimini yaşamış olabiliriz, ama suçlu bir zihinle, bastırmacı bir tutumla, telaşla, aceleyle. Bir şeyler yapmak ve yükten kurtulmak gerekir. Cinsellik edimi sevgi dolu bir edim değildir. Onunla mutlu değilsindir, ama ondan ayrılamazsın da. Ondan ne kadar kopmaya çalışırsan, o kadar çekici hale gelir. Onu ne kadar reddetmek istersen, onu o kadar davetkâr bulursun.

Cinselliği reddedemezsin, ama reddetmeye, yok etmeye yönelik bu tutum, cinselliği anlayabilen zihnin kendisini, farkındalığın kendisini ve duyarlılığın kendisini yok eder. Böylece cinsellik, içinde hiçbir duyarlılık barındırmaksızın devam eder. O zaman anlayamazsın. Yalnızca derin bir duyarlılık her şeyi anlayabilir. Derin bir duyguyla, derin bir dalışla, her şey anlaşılabilir. Cinselliği ancak onun içine, çiçekler arasında dolaşan bir şair gibi dalarsan, ancak bundan sonra anlayabilirsin! Eğer çiçeklerle ilgili suçluluk duyuyorsan, bahçeden geçebilirsin, ama kapalı gözlerle geçersin ve acele edersin – garip, çılgın bir telaş içinde. Bir şekilde o bahçeden çıkman gerekir. Peki, o zaman nasıl farkındalık içinde olabilirsin?

Tantra der ki: Kendini olduğun gibi kabul et; çünkü –çok boyutlu enerjinin en gizemli yanısın. Bunu kabullen ve derin bir duyarlılık, farkındalık, sevgi, anlayış içeren her türlü enerjiyle hareket et. Onunla hareket et... Ardından her arzu, onun ötesine geçmenin bir aracı olacaktır. Bunun ardından her enerji yardımcı olacaktır, o zaman tam da bu dünya nirvanadır, o zaman tam da bu beden bir mabet; kutsal bir mabet, kutsal bir mekân olacaktır.

Yoga inkârdır, Tantra ise onay. Yoga ikilik açısından düşünür; 'Yoga' kelimesi buradan gelir. Anlamı iki şeyi bir araya getirmek, iki şeyi birbirine bağlamaktır. Fakat iki şey oradadır, ikilik oradadır. Tantra, ikilik yoktur der. İkilik olsa, o zaman onları bir araya getiremezsin. Ne kadar çabalarsan çabala, onlar iki ayrı şey olarak kalacaktır. Nasıl bir araya getirirsen getir, yine onlar iki şey olarak kalacaktır. Mücadele de devam edecektir, ikilik baki kalacaktır. Dünya ve ilahi varlık iki ayrı şeyse, bir araya gelemezler. Eğer gerçekten iki ayrı şey *değillerse*, yalnızca iki ayrı şey gibi görünüyorlarsa, ancak o zaman bir olabilirler. Bedenin ve ruhun iki ayrı şeyse, bir araya getirilemezler.

Sen ve Tanrı iki ayrı şeysen, bir araya getirilmen mümkün değildir. İki ayrı şey olarak kalacaksın demektir.

Tantra ikilik yoktur der; bu yalnızca bir görüntüdür. Öyleyse görüntünün daha da büyümesine yardımcı olmak niye? Tantra der ki, bu ikilik görüntüsünün daha da büyümesine yardımcı olmak niye? Onu hemen şu an yok et! Tek ol! Kabullenmeyle tek olursun, savaşarak değil. Dünyayı kabul et, bedeni kabul et, onun doğuştan getirdiği her şeyi kabul et. Kendinde farklı bir merkez yaratma, çünkü Tantra açısından o farklı merkez, egodan başka bir şey değildir. Bir ego yaratma. Yalnızca ne olduğunun farkına var. Eğer savaşırsan, ego da orada olacaktır. Bu yüzden egoist olmayan bir yogi bulmak zordur. Zordur! Yogiler egosuzluktan bahsetmeye devam edebilirler, fakat egosuz olamazlar. Egoyu tam da bu süreç yaratır. Bu süreç savaştır. Savaşırsan, mutlaka bir ego yaratırsın. He kadar savaşırsan, ego o kadar güçlenecektir. Bu savaşı kazandığında, üstün egoya ulaşırsın.

Tantra, mücadele yok, der. O zaman ego olasılığı da ortadan kalkar. Tantra'yı anlarsak, ortaya birçok sorun çıkar, çünkü bize göre, mücadele yoksa, yalnızca teslimiyet vardır. Mücadelenin olmaması bizim için teslimiyet anlamına gelir ve korkmaya başlarız. Bizler birlikte geçireceğimiz yaşamlar için boyun eğdik ve hiçbir yere varmadık. Ancak Tantra'ya göre teslimiyet bizim teslimiyetimiz değildir. Tantra şöyle der: Boyun eğ, fakat farkında ol! Öfkelisin; Tantra öfkelenme demez. Tantra içtenlikle öfkelenin, der, ama farkında ol! Tantra öfkeye karşı değildir, yalnızca spiritüel uyuşukluğa, spirituel bilinçsizliğe karşıdır. Farkında ol ve öfkelen. Yöntemin sırrı da budur, farkındaysan, öfke dönüşür. Sevecenlik olur.

Tantra şöyle der: Öfkenin düşmanın olduğunu söyleme! Öfke, tohum halindeki sevecenliktir. Aynı öfke, aynı enerji, sevecenlik olacaktır. Eğer öfkeyle mücadele edersen, sevecenlik olasılığı da olmayacaktır. Mücadelede, bastırmada başarılı olursan, ölü bir insan olursun. Öfke olmaz, çünkü onu bastırmışsındır. Sevecenlik de olmaz, çünkü yalnızca öfke sevecenliğe dönüştürülebilir. Bastırma konusunda başarılı olursan –ki bu imkânsızdır– cinsellik olmayacaktır, ama sevgi de olmayacaktır, çünkü cinselliğin ölümüyle, gelişip aşka dönüşecek bir enerji olmayacaktır. Böylece cinsellikten uzak duracaksın, aynı zamanda sevgisiz de kalacaksın. O zaman da temel nokta gözden kaçırılıyor, çünkü sevgi olmadan ilahilik, sevgi olmadan kurtuluş, sevgi olmadan özgürlük olmaz.

Tantra bu enerjilerin dönüştürüleceğini belirtir. Bu şöyle de ifade edilebilir: Eğer dünyaya karşıysan, nirvana da yoktur; çünkü bu dünyanın kendisi nirvanaya dönüştürülecektir. Demek ki sen kaynağın kendisi olan temel enerjilere karşısın. Bu yüzden Tantra simyası savaşma, der; sana bahşedilmiş bütün enerjilerle dost ol. Onları memnuniyetle karşıla. Öfken, cinselliğin, hırsın olduğu için minnettarlık duy. Bunlar değiştirilebilirler ve açılabilirler. Cinsellik dönüştürüldüğünde, sevgi haline gelir. Zehir kaybolur, çirkinlik kaybolur.

Tohum çirkindir, fakat canlandığında filizlenip çiçeklenir. Artık güzellik vardır. Tohumu fırlatıp atma, çünkü o zaman içindeki çiçekleri de atmış olursun. Çiçekler henüz belirmediler, meydana çıkmadılar ki onları görebilesin. Belirmediler, ama *oradalar*. Tohumu kullanın ki çiçeklere erişebilesin. Kabullenme, duyarlı bir kavrayış ve farkındalık – o zaman teslimiyete izin verilir.

Gerçekten çok garip, fakat Tantra'nın en gizemli keşiflerinden biri olan bir şey daha var. O da şu: Neyi düşman olarak görürsen (hırs, öfke, nefret, cinsellik vs.) değerlendirme tutumun onları düşmanın kılar. Onları kutsal hediyeler olarak kabul et ve onlara minnettar bir yürekle yaklaş.

Örneğin Tantra, cinsel enerjiyi dönüştürmeye yönelik pek çok teknik geliştirmiştir. Cinsellik eylemine kutsal bir mabede gösterdiğini yaklaşımı göster. Cinsellik eylemini bir ibadet, bir meditasyon gibi değerlendir. Onun kutsallığını duyumsa. Khajuraho'da, Puri'de, Konarak'ta, her mabette *maithun** bulunma nedeni budur. Mabet duvarlarında cinsellik eyleminin betimlenmesi, özellikle Hıristiyanlık, İslam ve Caynacılık açısından mantıksız görünür. Anlaşılamaz ve aykırı gelir. *Maithun* resimleri mabede nasıl gelir? Khajuraho mabetlerinin dış duvarlarında, akla gelebilen her tür cinsellik eylemi resimlenmiştir. Niçin? Bunun bir mabette, en azından zihnimizde, yeri yoktur. Hıristiyanlar, Khajuraho resimli bir kilise duvarı düşünemezler bile. İmkânsızdır!

Modern Hindular da suçluluk hissederler, çünkü modern Hinduların zihniyetini Hıristiyanlık yaratmıştır. Onlar "Hindu–Hıristiyanlar"dır ve daha kötüdürler, çünkü Hıristiyan olmak iyidir, ama bir Hindu–Hıristiyan olmak yalnızca *tuhaftır*. Kendilerini suçluluk hissederler. Hindu liderlerinden **Purshottamdas Tandan**, bu mabetlerin yıkılmasını bile önermiştir. Bize ait değildirler. Gerçekten de bize ait değildirler, çünkü Tantra uzun bir süredir, yüzyıllardır kalplerimizde yer almıyor. Tantra ana akım olmamıştır. Yoga ana akım olmuştur ve Yoga açısından, Khajuraho düşünülemez. Yok edilmelidir.

Tantra, cinsellik eylemine, kutsal bir mabede giriyormuşçasına yaklaşın, der. Bu yüzden kutsal mabetlerinde cinsellik eylemi resimlenmiştir. Cinselliğe, kutsal bir mabede girer gibi yaklaşın demektedirler. Bu yüzden kutsal bir mabede girdiğinde, cinsellik orada olmalıdır ki zihninde birleşsinler, bağdaşsınlar, böylece dünya ile ilahi varlığın, birbiriyle mücadele eden iki element olmadıklarını, bir olduklarını duyumsayabilesin. Bunlar birbirlerine aykırı değil, birbirlerine yardımcı olan zıt kutuplardır. Ancak bu kutupluluk sayesinde var olabilirler.

Bu kutupluluk yok olursa, bütün dünya yok olur. Bu yüzden *derin birliği* fark et. Yalnız kutup noktalarını görme, onları bir kılan içten ilerleyen *akımı da* gör.

---

* Cinsel ilişkiyi betimleyen heykel ve resimler. (Çev. n.)

Tantra'ya göre her şey kutsaldır. Bunu unutma: Tantra'ya göre *her şey* kutsaldır; kutsal olmayan bir şey yoktur. Bunu şöyle değerlendir: Dindar olmayan bir kişi için hiçbir şey kutsal değildir. Sözde inançlı kişiler için bazı şeyler kutsalsaldır, bazıları değildir. Tantra'ya göre her şey kutsaldır. Birkaç gün önce bir Hıristiyan misyonerle birlikteydim. "Tanrı dünyayı yarattı." dedi. Bunun üzerine "Günahı kim yarattı?" diye sordum. "Şeytan." dedi. Ardından "Şeytanı kim yarattı?" diye sordum. Şaşırmıştı. "Elbette, şeytanı Tanrı yarattı." dedi. Şeytan günahı yarattı, Tanrı da şeytanı. O zaman gerçek günahkâr kim – Şeytan mı, yoksa Tanrı mı? Ancak düalist anlayış her zaman bu tür anlamsızlıklara yol açar.

Tantra'ya göre, Tanrı ile Şeytan iki ayrı şey değildir. Gerçekten de Tantra'ya göre, 'Şeytan' diye adlandırılacak bir şey yoktur. Her şey ilahidir, her şey kutsaldır! Doğru ve en derin bakış açısı budur. Eğer bu dünyada kutsal olmayan bir şey varsa, bu neden kaynaklanmaktadır ve nasıl var olabilmektedir?

Demek ki yalnızca iki alternatif var: Birincisi, hiçbir şeyin kutsal olmadığını söyleyen ateist alternatiftir ki, bu durumda sorun yoktur. Bunu söyleyen kişi aynı zamanda düalist de değildir. Dünyada hiçbir kutsallık görmez. Ya da Tantra alternatifi: Her şey kutsaldır. Bunu söyleyen de yine düalist değildir. Fakat bu ikisi arasında kalan, sözde dindar kişiler, aslında dindar değildirler, –ne dindar ne de dinsizdirler– çünkü sürekli bir çatışma içindedirler. Bütün teolojileri idare etmeye yöneliktir, ama idare edemezler.

Bu dünyada tek bir hücre, tek bir atom bile kutsal değilse, o zaman bütün dünya kutsal olmaktan çıkar, çünkü o tek atom kutsal bir dünyada nasıl var olabilir? Bu nasıl olabilir? Her şey onu destekliyor. Var olması için, her şeyin onu desteklemesi gerekir. Eğer kutsal olmayan öğeyi bütün kutsal öğeler destekliyorsa, o zaman aralarındaki fark nedir? O halde dünya ya kayıtsız şartsız, bütünüyle kutsaldır ya da kutsal değildir. Orta yol yoktur.

Tantra, her şey kutsaldır der – bu yüzden onu anlayamıyoruz. Bu ikili olmayan en derin bakış açısıdır, buna bakış açısı diyebilirsek. Ancak bu bir bakış açısı değildir, çünkü bakış açıları ikili olmaya mahkûmdur. Bu, herhangi bir şeye karşı değildir, dolayısıyla da bir bakış açısı değildir. Hissedilen bir birlik, yaşanan bir birliktir.

İki yol vardır: Yoga ve Tanra. Tantra, arızalı zihinlerimiz yüzünden cazip olamaz. Kişi içsel olarak sağlıklı olduğunda, kaos söz konusu olmadığında, Tantra'nın güzelliği ortaya çıkar. Tantra'nın ne olduğunu ancak o zaman anlayabilir. Yoga'nın çekiciliği, kolay cazibesi, rahatsız zihinlerimizden kaynaklanır. Bir şeyi çekici ya da çekicilikten uzak kılan şeyin eninde sonunda *senin* zihnin olduğunu unutma. Belirleyici etken sensin!

Bu yaklaşımlar farklıdır. Ben kişinin Yoga aracılığıyla eremeyeceğini söylemiyorum. Kişi Yoga aracılığıyla da erebilir, fakat yaygın Yoga'yla değil. Yaygın olan Yoga aslında Yoga değil, hastalıklı zihninin bir yorumudur.

Yoga aslında nihai olana uzanan bir yaklaşımdır, fakat bu da ancak zihnin sağlıklıysa, zihnin rahatsız ve hastalıklı olmadığında, mümkündür. Yoga o zaman farklı bir şekil alır. Örneğin, Mahavira*, Yoga yolundadır, fakat gerçekte cinselliği bastırmazdı – çünkü onu öğrendi ve yaşadı. Onunla yakından tanıştı ve cinsellik faydasız bir hale geldi, o da cinselliği bıraktı. Buda, Yoga'nın yolundadır, fakat o dünyada yaşadı; onu yakından tanıdı. Savaşmadı.

Bir şeyi öğrendiğin zaman, ondan bağımsızlaşırsın. Ölü yaprakların ağaçtan dökülmesi gibi düşer gider. Bu feragat değildir; bir savaş söz konusu değildir. Buda'nın yüzüne bakın; bir savaşçının yüzüne benzemiyor. Buda savaşmamıştır. Son derece dingindir! Onun yüzü tümüyle dinginliğin sembolüdür... Savaş yoktur.

Kendi yogilerine bir bak: Savaş yüzlerinden okunur. Derinlerde fazlasıyla keşmekeş vardır. Şu anda volkanlarla başa çıkamıyorlar. Gözlerine, yüzlerine bakabilirsin, bunu hissedersin – derinlerde bir yerde bütün hastalıklarını bastırmışlardır. Ancak ötesine geçmemişlerdir.

Herkesin kendi yaşamını sahici ve bireysel olarak yaşadığı, başkalarını taklit etmediği, kendi yaşamını kendi istediği biçimde yaşadığı sağlıklı bir dünyada, Yoga da Tantra da mümkün-

---

* *Mahavira* (Hint): Dinsel anlamda büyük kişi... Caynacılık'ın kurucusu din adamı Vardhamana, Tanrı Rama vb. bu adla anılırlar. (Ed. n.)

dür. Kişi belli bir sınırın ötesine geçen derin bir duyarlığı öğrenebilir; bütün arzuların etkisini yitirip eridiği bir noktaya gelebilir. Yoga da insanı buna götürebilir, ama bana göre, Yoga da insanı Tantra'nın götürebildiği aynı dünyaya götürecektir – bunu unutma.

Sağlıklı bir zihne, doğal bir insana ihtiyaç duyuyoruz. Doğal insanın var olduğu bu dünyada, Tantra yol gösterir. Yoga da yol gösterir. Hastalıklı olarak adlandırılan toplumumuzda, ne Yoga ne de Tantra yol gösterebilir, çünkü Yoga'yı seçersek, arzular etkisini yitirdiği için seçmeyiz – hayır! Hâlâ anlamlıdırlar. Kendi başlarına eriyip gitmezler. Arzuları zorlamamız gerekir.

Yoga'yı seçersek, bir bastırma yöntemi olarak seçeriz. Tantra'yı seçersek, bir hilekârlık, kendimizi kaptıracağımız derin bir aldanış olarak seçeriz. Dolayısıyla sağlıksız bir zihinle ne Yoga ne de Tantra işe yarar – her ikisi de insanı aldanışa yöneltir. Başlangıç için sağlıklı bir zihne, özellikle cinsel açıdan sağlıklı bir zihne ihtiyaç var. Bunun ardından yolunu seçmek zor değildir. Yoga'yı seçebilirsin, Tantra'yı seçebilirsin.

İki tür insan vardır: Temelde erkek ve kadın – biyolojik değil, psikolojik açıdan. Esasen psikolojik açıdan erkek –saldırgan, sert, dışa dönük– olanların yolu Yoga'dır. Esasen kadınsı –alıcı, pasif ve sakin– olanların yolu Tantra'dır.

O halde şunu fark edebilirsin. Tantra'ya göre, Kali* ana, Tara** ve *deviler'*in,*** *bhairaviler'in* pek çoğu, çok önemlidirler. Yoga'da, herhangi bir tanrıçanın adının anıldığını duymazsın. Tantra'nın dişi tanrıları vardır, Yoga'nınsa erkek tanrıları. Yoga dışarı çıkan enerjidir; Tantra ise içe doğru ilerleyen enerjidir. Bu yüzden seçim kişiliğe bağlıdır. İçedönük bir kişiliğin varsa, sa-

---

* **Kali (Hint):** Ölüm Tanrıçası. Tanrı Şiva'nın karısıdır. Eskiden her yıl adına insanlar kurban edilirdi. Kara renkli olarak tasarımlanmıştır. Kimi incelemeciler, onun Tanrı Şiva'nın çeşitli görünüşlerinden biri olduğunu ileri sürmüşlerdir. Bu çeşitli görünüşlerde, görünüşün niteliğine göre, çeşitli adlarla anılmıştır: Kali, Oarvati, Durga adları, Şiva'nın bu görünüşlerini dile getirir. (Ed. n.)
** **Tara (Hint):** Mahayana ve Tantra Budacılığında tapılan çeşitli Buda'lardan biri... Özellikle VII. yy.'da tapılmıştır. Sanskritçe *kurtarıcı kadın* demektir. Yıldızları simgeler. (Ed. n.)
*** **Devi (Hint):** Hint inançlarında kadın tanrılara verilen genel ad... Sanskritçe *Tanrıça* anlamındadır. (Ed. n.)

vaş sana göre değildir. Eğer kişiliğin dışadönükse, savaş sana göredir.

Fakat kafamız karışık, tam olarak kafamız karışık; bir karışıklık içindeyiz. Bu yüzden hiçbir şey işe yaramıyor. Aksine, her şey rahatsız ediyor. Yoga seni rahatsız eder, Tantra seni rahatsız eder, her ilaç sende yeni bir hastalık yaratır, çünkü seçen kişi hastadır, sağlıksızdır, seçimi hastalıklıdır, sağlıksızdır.

Bu yüzden ben Yoga aracılığıyla eremezsin demiyorum. Salt Tantra'nın ne olduğunu anlatabilme umuduyla diye Tantra'yı vurguluyorum.

2
Meditasyon Teknikleri: Tantrik Sevgi

Şiva Devi'ye der ki: "Okşanırken, tatlı prenses, sevmeye ebedi yaşam gibi katıl."

ŞİVA sevgiyle başlar. Birinci teknik sevgiyle ilgilidir – çünkü sevgi, gevşediğin en yakın deneyimdir. Eğer sevemiyorsan, gevşemen imkânsızdır. Gevşeyebiliyorsan, yaşamın da sevgi dolu bir yaşam olacaktır.

Gergin kişi sevemez. Niye? Gergin kişi daima amaçlı yaşar. Para kazanabilir, fakat sevemez, çünkü *sevgi amaçsızdır*. Sevgi bir meta değildir. Onu biriktiremezsin; onunla bir mevduat dengesi yaratamazsın; onunla egonu güçlendiremezsin. Aslında sevgi –ötesinde bir anlam, ötesinde bir amaç olmayan– en tuhaf eylemdir. Kendi içinde var olur, başka bir şey için değil.

Bir şey elde etmek için para kazanırsın; para bir araçtır. Bir ev yaparsın, içinde yaşamak için; bu bir araçtır. Sevgi bir araç değildir, neden seversin? Ne için seversin? Sevgi kendi içinde nihayettir. İşte bu yüzden, çıkarcı, mantıklı bir zihin, amaçlar açısından düşünen bir zihin sevemez. Daima amaçlar açısından düşünen bir zihin gergin olacaktır, çünkü amaç, hiçbir zaman *şimdi* değil, ancak *gelecekte* gerçekleştirilebilir.

Bir ev inşa edersin; şu anda içinde oturamazsın. Önce onu inşa etmen gerekir. Bu evin içinde gelecekte oturabilirsin, şu an değil. Para kazanıyorsun; mevduat dengesi şimdi değil, gelecekte yaratılacaktır. Araçlar "şimdi", şu anda" kullanılabilir; hedefler ise gelecekte gerçekleşir.

Sevgi daima buradadır. Onun geleceği yoktur. Bu yüzden sevgi, meditasyona bu denli yakındır. Ölüm de meditasyona bu yüzden bu kadar yakındır – ölüm de daima şimdidir. Asla gelecekte gerçekleşemez. Gelecekte ölebilir misin? Ancak şimdi ölebilirsin. Bugüne dek hiç kimse gelecekte ölmemiştir. Gelecekte nasıl öleceksin ya da geçmişte nasıl öldün? Geçmiş geçip gitmiştir, ötesi yoktur, dolayısıyla geçmişte ölemezsin. Gelecek henüz gelmemiştir, öyleyse nasıl gelecekte öleceksin? Ölüm daima şu anda gerçekleşir.

Ölüm –sevgi– meditasyon; bunların tümü şu anda gerçekleşir. Eğer ölümden korkuyorsan, sevemezsin. Sevgiden korkuyorsan, meditasyon yapamazsın. Meditasyondan korkuyorsan, yaşamın da faydasızlaşacaktır – herhangi bir amaç açısından değil, hiçbir mutluluk hissedemeyecek olman açısından faydasızlaşacaktır... Beyhude olacaktır.

Bu üçünü birleştirmek garip gelebilir: Sevgi, meditasyon ve ölüm. Ama değildir. Bunlar benzer deneyimlerdir. Eğer birine kapılabilirsen, diğer ikisine de kapılabilirsin.

Şiva sevgiyle başlıyor. Diyor ki:

Okşanırken, sevilirken, tatlı prenses, okşanmaya, sevmeye, ebedi yaşam gibi katıl.

Bu ne anlama gelir? Pek çok anlama. Birincisi, sevilirken geçmiş durmuştur, geleceksse yoktur. Şimdiki zaman boyutunda hareket edersin, şu anda hareket edersin. Daha önce birini sevdin mi hiç? Eğer daha önce sevdiysen, o zaman zihin artık orada değildir. Bu yüzden bilge denen kişiler, âşıkların kör, akılsız ve çılgın olduklarını söylerler. Söyledikleri bir anlamda doğrudur. Âşıklar kördür, çünkü yaptıklarını hesaplamak kaygısı geleceği görecek gözleri yoktur. Kördürler! Geçmişi de göremezler.

Ne olmuştur âşıklara? Onlar geçmişi ya da geleceği gözetmeksizin, sonuçları gözetmeksizin yalnızca şu anda hareket ederler; onlara bu yüzden kör denir. Kördürler! Çıkar gözetenlere göre kördürler; çıkar gözetmeyenlere göre ise kâhin. Çıkar gözetmeyenler aşkı gerçek gözle, gerçek görüntüsüyle göreceklerdir.

Yani bilinmesi gereken ilk şey: Aşk anında, artık geçmiş ve gelecek yoktur. Anlaşılması gereken hassas bir nokta: Geçmiş ve gelecek olmadığında, şu ana şimdiki zaman diyebilir misin? Şimdiki zaman, yalnızca bu ikisi arasındadır – geçmişle gelecek. Görecedir. Geçmiş ve gelecek yoksa, şu ana şimdiki zaman demenin ne anlamı var? Anlamsızdır. Bu yüzden Şiva 'şimdi' kelimesini kullanmaz. 'Ebedi yaşam' der. – Ebediyet: Ebediyete dal...

Zamanı üçe böleriz: Geçmiş, şu an ve gelecek. Bu ayrım yanlıştır, kesinlikle yanlış. Zaman aslında geçmiş ve gelecektir. Şimdi zamanın bir parçası değildir: Şimdi sonsuzluğun bir parçasıdır. Geçip giden zamandır; gelecek olan da zamandır. Şu an ise asla geçip gitmediği, daima burada olduğu için zaman değildir. Şimdi daima buradadır – *daima* burada. Bu şimdi ebedidir.

Geçmişten uzaklaşırsan asla şimdide hareket edemezsin. Geçmişten daima geleceğe ilerlersin. Şimdi diye bir an hiç gelmez. Geçmişten *her zaman* geleceğe doğru ilerlersin. Şu andan giderek derinlere... Şimdi şimdi... Bu ebedi yaşamdır.

Bunu şöyle de ifade edebiliriz: Geçmişten geleceğe uzanan şey zamandır. Zaman, bir uçakta dümdüz bir hatta ilerlemek anlamına gelir ya da zamanın yatay olduğunu söyleyebiliriz. Şimdiki zamanda olduğun an, boyut değişir. Dikey olarak yukarı ya da aşağı, yükseğe ya da derinlere doğru hareket edersin. Ancak o zaman asla yatay olarak hareket edemezsin. Bir Buda, bir Şiva, zamanda değil, ebediyette yaşar.

İsa'ya sormuşlar: "Senin Tanrı krallığında ne olacak?" Soruyu soran kişi, zamanı kastetmiyordu. Arzularının ne olacağını soruyordu: "Nasıl gerçekleştirilecekler? Sonsuz yaşam mı olacak ya da ölüm mü olacak? Herhangi bir bedbahtlık olacak mı? Aşağı ve üstün insanlar olacakmı?" Bu dünyaya ilişkin şeyler soruyordu: "Senin Tanrı krallığında ne olacak?"

İsa da yanıt verdi –yanıt bir Zen keşişinin tarzındaydı– İsa dedi ki: "Artık zaman olmayacak." Bunu hiç anlamamış olabilir, ona şu yanıtı veren kişi: "Artık zaman olmayacak." İsa tek bir şey söyledi: "Artık zaman olmayacak" – çünkü zaman yataydır, Tanrı'nın ülkesi ise dikey; o ebedidir. Daima buradadır! Ona girebilmek için zamandan uzaklaşman gerekir.

Dolayısıyla sevgi ilk kapıdır... Zamandan uzaklaşabilirsin. Bu yüzden herkes sevilmek ister, herkes sevmek ister. Ve hiç kimse sevgiye niçin bu kadar önem verildiğini, sevgiye niçin bu denli yoğun bir özlem duyulduğunu bilmez. Bunun gerçek nedenini bilmediğin sürece, ne sevebilir ne de sevilebilirsin, çünkü sevgi, yeryüzünün en engin fenomenlerinden biridir.

Herkesin olduğu gibi sevebileceğini düşünmeye devam ederiz. Ama durum böyle değildir; böyle değildir. Yinelenen engelleyici duygularla karşılaşmamızın nedeni budur. Aşk farklı bir boyuttur. Zaman *içinde* birini sevmeye çalışırsan, çabalarında bozguna uğrarsın. Zamanda, sevgi imkânsızdır.

Bir anekdot anımsıyorum:

Meera, Krişna'ya âşıktı. Meera, bir ev kadınıydı – bir prens karısıydı. Prens, Krişna'yı kıskandı. Krişna artık yoktu, Krişna orada değildi; Krişna fiziksel bir beden değildi. Krişna'nın fiziksel varlığıyla, Meera'nın fiziksel varlığı arasında beş bin yıllık bir mesafe vardı. Dolayısıyla, gerçekte Meera Krişna'ya nasıl âşık olabilir? Zamandaki mesafe çok büyüktür!

Bir gün prens Meera'ya sordu, kocası ona "Aşkını anlatıp duruyorsun, Krişna'nın etrafında danslar edip şarkılar söylemeyi sürdürüyorsun, ama Krişna nerede? Bu denli âşık olduğun kişi kim? Sürekli kiminle konuşuyorsun?" diye sordu. Meera, Krişna'yla konuşuyor, şarkılar söylüyor, gülüyor, onunla kavga ediyordu. Deli gibi görünüyordu! Bizim gözümüzde öyleydi de. Bu yüzden prens, "Çıldırdın mı? Krişnan nerede? Kimi seviyorsun? Kiminle konuşuyorsun? Ben de buradayım, ama beni tümüyle unuttun." dedi.

Meera, "Krişna burada, sen burada değilsin, çünkü Krişna ebedi, sen değilsin. Krişna daima burada olacak, daima buradaydı, şu an da burada. Sen burada olmayacaksın, burada değildin. Sen bir gün burada değildin, burada olmayacaksın... Öyleyse bu iki varolmayış arasında, senin burada olduğuna nasıl inanabilirim? İki varolmayış arasında kalan bir varoluş nasıl mümkün olur?" dedi.

Prens zamanın içindedir, Krişna ise ebediyettedir. Dolayısıyla prensin yakınında olabilirsin, ama aradaki mesafe kapatılamaz. Uzakta olacaksın. Zamanın içinde Krişna'dan çok, çok uzakta olup yine de yanında olabilirsin. Ancak, bu farklı bir boyuttur.

Önüme bakıyorum, bir duvar var; gözlerimi hareket ettiriyorum, gökyüzü var. Zamana baktığında, hep bir duvar vardır. Zamanın ötesine baktığında, açık, sonsuz gökyüzü vardır. Sevgi sonsuzluğu, varoluşun ebediyetine açılır. Dolayısıyla gerçekten bugüne dek âşık olduysan, aşk bir meditasyon tekniğine dönüştürülebilir. Teknik şudur:

Sevilirken, tatlı prenses, sevmeye ebedi yaşam gibi katıl.

Uzakta, dışarıda duran bir âşık olma. Seven kişi ol ve ebediyete ilerle. Birini sevdiğin zaman, bir seven olarak mı oradasın? Oradaysan zamanın içindesindir ve aşk da sahtedir, uydurmadır. Hâlâ oradaysan ve "Benim." diyebiliyorsan, fiziksel olarak yakın olabilirsin, ama spiritüel olarak zıt kutuplarsındır.

Âşık olduğunda –sadece aşk, seven– olmamalısın. Sevgi de ol. Sevdiğini ya da âşığını okşarken, okşayışın kendisi ol. Öpüşürken, öpen ya da öpülen değil, öpücük ol. Egoyu tümüyle unut, onu eylemin içinde erit. Eyleme o kadar derinlemesine dal ki artık bir fail olmasın. Aşka dalamazsan, yemek yemeye, yürümeye dalmak da zor olur – çok zor olur, çünkü egoyu eritecek en kolay yaklaşım sevgidir. Egoist olanlar bu yüzden sevemez. Egoistler sevgiden söz edebilir, sevgi şarkıları söyleyip, yazılar döktürebilirler, ama sevemezler. Ego sevemez.

Şiva sevgi ol diyor. Kucakladığında, kucaklama ol, öpücük ol. Kendini bütünüyle unut ki, "Artık yokum. Yalnızca aşk var." diyebilesin. O zaman çarpan kalp değildir, çarpan sevgidir. O zaman kan dolaşmaz, aşk dolaşır. Gözler görmez, aşk görür. O

zaman dokunmak için hareket eden eller değildir, aşk dokunmak için hareket eder.
Aşk ol! Ve ebedi yaşama karış. Aşk birden boyutunu değiştirir. Zamanın dışına savrulup, sonsuzlukla karşılaşırsın. Aşk derin, mümkün olan en derin meditasyon olabilir. Âşıklar da zaman zaman azizlerin bilmediklerini bilmişlerdir. Âşıklar pek çok yoginin kaçırdığı o merkeze erişmiştir. Ancak aşkını meditasyona dönüştürmedikçe, aşk yalnızca şöyle bir görünüverecektir. Tantra'nın anlamı budur: Aşkın meditasyona dönüşümü. Şimdi Tantra'nın neden bu kadar çok aşktan ve cinsellikten söz ettiğini anlamışsındır. Neden? Çünkü sevgi, bu dünyayı, bu yatay boyutu aşabileceğin en kolay, doğal kapıdır.
Şiva'yla yoldaşı Devi'ye bak. Onlara bak! İki kişi olarak görünmezler; onlar birdir. Birlik o kadar derindir ki, sembollere bile geçmiştir. Hepimiz Şivalinga'yı görmüşüzdür. Bu bir fallik semboldür. Şiva'nın cinsel organıdır. Fakat tek başına değildir, Devi'nin vajinasının içindedir. O zamanlar Hindular oldukça cüretkârdı. Bugün bir Şivalinga görsen, onun bir fallik sembol olduğunu asla anımsamazsın. Unuttuk, tümüyle unutmaya çalıştık.
Jung otobiyografisinde, anılarında, çok hoş ve komik bir olayı anımsıyor. Jung Hindistan'a geldi, Konarak'ı görmeye gitti ve Konarak mabedinde çok, pek çok Şivalinga, pek çok fallik sembol vardır. Jung'a etrafı gezdiren bilge kişi, ona Şivalingalar dışında her şeyi açıkladı. Şivalingalar o kadar çoktular ki görmezden gelmek çok zordu. Jung bunun farkındaydı, ama bilgeye takılmak için "Ama bunlar da nedir?" diye sorup duruyordu. En sonunda bilge Jung'un kulağına eğilip, "Burada sormayın. Size daha sonra söylerim. Bu özel bir şey." dedi. Jung içeride gülmüş olmalı. Bunlar günümüzün Hindularıdır.
Sonra mabedin dışına çıktıklarında bilge yaklaşıp, "Diğerlerinin önünde sormakla iyi etmedin. Şimdi sana söyleyeceğim. Bu bir sır." dedi. Ve yine Jung'un kulağına eğilip "Onlar bizim edep yerlerimiz." dedi.
Jung geri döndüğünde büyük bir bilim adamıyla –Doğu düşüncesine, mitolojisine ve felsefesine hâkim bir bilim adamı–, **Heinrich Zimmer** ile buluştu. Bu anekdotu Zimmer'e anlattı.

Meditasyon Teknikleri: Tantrik Sevgi

Zimmer Hint düşüncesini idrak etmeye çalışmış en yetenekli dâhilerden biriydi ve Hindistan'ı, Hint düşünce tarzını – yaşama Doğu'ya özgü, mantıksız, mistik yaklaşımını severdi. Bu öyküyü Jung'dan dinleyince güldü ve "Değişiklik oldu. Kep *yüce* Hintliler –Buda, Krişna, Mahavira– hakkında anlatılanları dinledim. Senin anlattığın, herhangi bir yüce Hintli'ye değil, Hintliler'e ilişkin bir şey." dedi.

Şiva'ya göre aşk, giriş kapısıdır. Hem ona göre cinsellik de kınanacak bir şey değildir. Ona göre, cinsellik tohum, aşk ise onun çiçeğidir. Eğer tohumu kınarsan, çiçeği de kınamış olurs. Cinsellik, aşka dönüşebilir. Eğer aşka dönüşmezse, sakatlanmıştır. Cinselliği değil, bu sakatlık halini kına. Aşk çiçek açmalıdır, cinsellik de aşka dönüşmek zorundadır. Dönüşmüyorsa, bu cinselliğin hatası değildir. Senin hatandır.

Cinsellik, cinsellik olarak kalamaz –Tantra öğretisi budur– aşka dönüşmesi gerekir. Aynı zamanda aşk da aşk olarak kalmamalıdır. Işığa, meditasyon deneyimine, son, nihai, mistik zirveye dönüşmelidir. Aşk nasıl dönüşür? Eylemin kendisi ol, eylemci değil. Severken, sevgi ol – yalın sevgi. O zaman bu senin sevgin, benim sevgim ya da başka birinin sevgisi değildir. Yalın sevgidir. Orada olmadığında, nihai kaynağın, akımın ellerindesindir, o zaman âşıksındır. Âşık olan *sen* değilsindir,– o zaman aşk seni yutmuştur, ortadan kaybolmuşsundur. Yalnızca akan bir enerjiye dönüşmüşsündür.

Çağımızın en yaratıcı kafalarından biri olan **D. H. Lawrence,** bilerek ya da bilmeyerek, bir Tantra ustasıydı. Lawrence, Batı'da ayıplandı; kitapları yasaklandı. Hakkında pek çok dava açıldı – çünkü cinsel enerjinin tek enerji olduğunu, onu yasaklarsan ve bastırırsan, evrene karşı geleceğini, sonuçta da bu enerjinin daha çok serpilip olgunlaşacağını asla bilemeyeceğini söyledi.

Cinsellik enerjisi bastırıldığında çirkinleşir. Bu bir kısır döngüdür: Papazlar, ahlakçılar, sözde dindar kişiler, papalar, *şankaraçaryalar* ve diğerleri, cinselliği kınamayı sürdürüyor. Onun çirkin bir şey olduğunu söylüyorlar. Cinselliği bastırdığında çirkinleşir. Bu yüzden şöyle diyorlar: "Bak! Söylediklerimiz doğru. Bunu sen kanıtlıyorsun. Bak! Yaptığın şey çirkindir ve çirkin olduğunu biliyorsun."

Fakat çirkin olan cinsellik değildir, onu çirkinleştiren bu papazlardır. Onu bir kez çirkin kıldıktan sonra haklılıkları kanıtlanır. Haklılıkları kanıtlandığında da, sen de onu çirkinleştirmeyi, daha da çirkin kılmayı sürdürürsün.

Cinsellik masum bir enerjidir, içinde akan yaşamdır, içindeki dipdiri varoluştur. Onu sakatlama! Bırak doruklara yönelsin – başka deyişle, cinsellik sevgiye dönüşmeli. Fark nedir? Zihninde cinsellik varsa, karşında faydalanırsın. Öteki yalnızca kullanılıp atılacak bir araçtır. Cinsellik aşk olduğunda, öteki araç değildir, öteki istismar edilmez. Öteki aslında öteki değildir. Sevdiğin zaman, sevgin ben–merkezci değildir. Aksine öteki önem kazanır, benzersiz olur.

Karşındakini kullanmazsın – hayır. Aksine her ikiniz de derin bir deneyimde birleşirsiniz. Sömüren ya da sömürülen değil, derin bir deneyimin ortakları olursunuz. Birbirinize, farklı bir dünyaya, aşk dünyasına dalmak için yardım edersin. Cinsellik sömürür. Aşk farklı bir dünyaya birlikte dalmaktır.

Bu dalış anlık değilse, bu dalış derin düşüncelerle doluysa, başka deyişle kendini tümüyle unutabiliyorsan, seven ve sevilen ortadan kayboluyorsa, yalnızca aşk akıyorsa, o zaman, der Şiva, sonsuz yaşam senindir.

Cinsellikte Kendini Tamamen Bırakma

3

"Kafaya aktarılmış seks, cinselliktir."

Ne yaparsan yap, derin düşünerek ve tam olarak yap – cinselliği bile. Tek başına öfkelenmeyi tahayyül etmek kolaydır, fakat aynı zamanda derin düşünerek tek başına bir cinsellik âlemi de yapabilirsin. Bundan sonra da farklı bir nitelik kazanırsın. Yapayalnızken odana kapan ve sanki seks yapar gibi davran. Tüm bedeninin hareket etsin. Zıpla, bağır – hoşuna giden her şeyi yap. Bunu tam olarak yap. Her şeyi unut – toplumu, yasakları vs. Derin düşünerek, tek başına cinsel bir eyleme dal, ancak bütün cinselliğini bu eyleme kat.

Öteki söz konusu olduğunda, toplum daima oradadır, çünkü öteki kişi oradadır. Sanki öteki orada değilmiş gibi hissedebileceğin böyle derin bir aşk içinde olmak son derece zordur. Yalnızca çok derin bir aşkta, çok derin bir mahremiyette, âşığın ya da sevdiğinle, o yokmuşçasına birlikte olman mümkündür.

Mahremiyet budur: Âşığınla, sevdiğinle ya da eşinle, ötekinden korkmaksızın, sanki bir odada yalnız gibiysen, o zaman cinsellik eylemine tümüyle dalabilirsin. Aksi halde öteki daima engelleyici bir varlıktır. Öteki sana bakıyor: "Şimdi o ne düşünecek? Ne yapıyorsun? Bir hayvan gibi mi davranıyorsun?"

Birkaç gün önce bir bayan buradaydı. Kocasından yakınmak için gelmişti. "Ona tahammül edemiyorum." dedi. "Ne zaman beni sevmek istese, bir hayvan gibi davranmaya başlıyor." Öteki orada olduğunda, sana bakıyor: "Ne yapıyorsun?" Ve sana bazı şeyleri yapmaman öğretilmiştir. Bu engeller; bütünüyle hareket edemezsin.

Gerçekten aşk varsa, o zaman yalnızmışsın gibi hareket edebilirsin. İki beden birleştiğinde, tek bir ritme sahip olur. Ardından ikilik yok olur ve cinsellik bütünüyle serbest kalır. Ve öfkeye benzemez.

Öfke her zaman çirkindir; cinsellik her zaman çirkin değildir. Bazen olabilecek en güzel şeydir; fakat bazen. Birleşme mükemmel olduğunda, iki kişi tek bir ritme dönüştüğünde, nefesleri birbirine karışıp tekleştiğinde ve prana'ları bir döngü içinde aktığında, iki kişi tümüyle görünmez olduğunda ve iki beden tek bir bütün haline geldiğinde, negatif ve pozitif, kadın ve erkek, artık orada olmadığında, seks olası en güzel şeydir. Fakat durum her zaman böyle değildir.

Bu mümkün değilse, yalnızken, derin düşüncelere dalmışken de seks eylemini çılgınlığın, deliliğin doruklarına taşıyabilirsin. Odaya kapanıp, meditasyon yap ve bedeninin kontrolünden çıkmışçasına hareket etmesine izin ver. Kontrolü tümüyle elden bırak!

Özellikle Tantra'da, eşler çok yardımcı olabilir: Karın, kocan ya da arkadaşın, derin deneyimi paylaşıyorsanıç çok yardımcı olabilir. O zaman her ikinizin de kontrolü tümüyle elden bırakmanıza izin verin. Uygarlığı, sanki hiç varolmamış gibi unutun. Cennet Bahçesi'ne geri dönün. O elmayı –Bilgi Ağacı'nın meyvesini– fırlatıp atın. Cennet Bahçesi'nde, oradan kovulmadan önceki Âdem ile Havva olun. Geriye dönün! Tıpkı masum hayvanlar gibi olun ve cinselliğinizi kendi bütünlüğü içinde ortaya koyun. Artık asla eskisi gibi olmayacaksınız.

İki şey gerçekleşecek: Cinsellik kaybolacak; cinsel eylem aynen kalabilir, ama cinsellik tümüyle kaybolacak. Cinsellik olmadığı zaman, cinsellik eylemi ilahidir. Beyinde şiddetli arzu olmadığı zaman, cinsellik eylemini düşünmediğin zaman, bu basit bir katılım –bütünsel bir eylem, yalnızca zihnin değil, bütün varlığının hareketi– haline geldiği zaman ilahidir. Önce cinsellik kaybolacak, ardından cinsellik eylemi de kaybolabilir; çünkü onun daha derin özünü öğrendiğinde, bu öze cinsellik eylemi olmaksızın da ulaşabilirsin.

Fakat bu daha derin özü öğrenmemişsen, ona nasıl ulaşabilirsin? İlk algılayış topyekün cinsellik eyleminden kaynaklanır. Bir kere öğrenildiğinde, bu yolda başka türlü yolculuklar da yapılabilir. Bir çiçeğe bakarken bile, eşinle bir dorukta buluştuğunuz andaki esriklik içinde olabilirsin. Yalnızca yıldızları seyrederek, o esrikliğe dalabilirsin.

Yolu öğrendiğinde, onun içinde olduğunu da öğrenirsin. Eşin onu öğrenmene yardımcı olur, sen de eşinin onu öğrenmesine yardımcı olursun. O içindedir! Öteki yalnızca bir tetikleyiciydi, öteki yalnızca daima senin içinde olan bir şeyi öğrenmene yardımcı olacak bir meydan okumaydı.

. Bir usta ile mürit arasında olan da budur. Usta senin için ancak daima içinde saklı kalmış olanı gösterecek bir meydan okuma olabilir. Usta sana herhangi bir şey vermez. Veremez; verecek bir şey yoktur. Verilebilecek her şey de değersizdir, çünkü yalnızca bir şey olacaktır.

Verilemeyen, yalnızca harekete geçirilebilen şey değerlidir. Bir usta seni ancak kışkırtır. Zaten mevcut olan bir şeyi idrak edebileceğin bir noktaya gelmene yardımcı olmak için sana meydan okur. Bunu öğrendiğinde, bir ustaya ihtiyaç kalmaz.

Cinsel eylem kaybolabilir, ancak önce cinsellik kaybolur. Sonra cinsel eylem saf, masum bir eylem olur; o zaman cinsel eylem de kaybolur. Sonrası *brahmacharya*, yani bekârettir. Bu, cinsel eylemin karşıtı değil, sadece yokluğudur. Bu farkı unutma; bunun bilincinde değilsin.

Eski dinler öfkeyi ve cinsel eylemi, sanki aynı şeylermiş ya da aynı kategoriye dahillermiş gibi kınamayı sürdürürler. Aynı şey değildirler! Öfke yıkıcıdır, cinsel eylem ise yaratıcıdır. Bütün eski dinler, sanki öfke ve cinsel eylem, hırs ve cinsel eylem, kıskançlık ve cinsel eylem benzer şeylermiş gibi, aynı şekilde onları kınamayı sürdürürler. Benzer değillerdir! Kıskançlık yıkıcıdır – her zaman! Asla yaratıcı değildir; ondan hiçbir sonuç çıkmaz. Öfke daima yıkıcıdır, ama cinsel eylem böyle değildir.

Cinsel eylem yaratıcılığın kaynağıdır. İlahi varlık onu yaratmak için kullanmıştır. Cinsellik tam olarak kıskançlık, öfke ve hırsa benzer – daima yıkıcıdır. Cinsel eylem yıkıcı değildir, fakat bizler saf seksi bulmuyoruz. Yalnızca cinselliği biliyoruz.

Pornografik bir resme bakan ya da bir film, cinsel âlemlerin sergilendiği bir filmi izlemeye giden kişinin aradığı cinsel eylem değildir: Cinsellik aramaktadır. Bazı iğrenç dergilere, kitap ya da resimlere bakmadan karılarıyla sevişemeyen insanlar tanıyorum. O resimlere bakıp heyecanlanıyorlar. Gerçek eşleri onlar için bir şey ifade etmiyor. Bir resim, çıplak bir insan resmi, onlar için daha heyecan verici. Bu heyecan içte değildir; bu heyecan zihindedir, kafadadır.

Akla nakledilmiş cinsel eylem, cinselliktir; onun hakkında düşünmek cinselliktir. Cinsel eylemi yaşamak başka bir şeydir ve onu yaşayabilirsen, ötesine de geçebilirsin. Bütün olarak yaşanan her şey seni öteye götürür. Bu nedenle hiçbir şeyden korkma. Onu yaşa!

Bunun başkalarına zarar verdiğini düşünüyorsan, ona yalnız başını dal; başkalarıyla yapma. Yaratıcı olduğunu düşünüyorsanız, o zaman bir paylaşımcı, bir arkadaş bul. Bir çift, Tantrik bir çift olun ve bütünüyle cinselliğe dalın. Hâlâ diğer kişinin varlığını engelleyici olduğunu hissediyorsan, o zaman bunu tek başına yapabilirsin.

4
Tantrik Cinselliğin Eyleminin Spiritüelliği

"Öteki yalnızca bir kapıdır. Bir kadınla sevişirken, aslında Varoluşun kendisiyle sevişiyorsun."

Sigmund Freud bir yerde insanın doğuştan nevrotik olduğunu söylemiştir. Bu kısmen doğrudur. İnsan nevrotik olarak doğmaz, fakat nevrotik bir insanlığın içine doğar ve toplum herkesi er geç nevrotik olmaya iter. İnsan doğal, gerçek, normal olarak doğar. Fakat yeni doğan, toplumun bir parçası olduğu an, nevroz da etkili olmaya başlar.

Şu halimizle, nevrotiğizdir. Ve nevrozlar bir bölünmeden – derin bir bölünmeden ibarettirler. Tek bir kişi değil, iki belki de daha çok kişisindir. Bu iyice anlaşılmalıdır; ancak o zaman Tantra'da ilerleyebiliriz. Duyguların ve düşüncelerin iki ayrı şey haline gelmiştir; bu, temel nevrozdur. Düşünen yanınla hisseden yanın iki ayrı şey haline gelmiştir ve hisseden yanınla değil, düşünen yanınla özdeşleşirsin. Duygu düşünceden daha gerçektir; duygu düşünceden daha doğaldır. Hisseden bir kalple dünyaya gelmişsindir, ama düşünce geliştirilir; toplum tarafından verilir. Duygun bastırılmış bir şeyler haline gelmiştir. Hissettiğini söylediğinde bile, yalnızca hissettiğini düşünürsün. Duygu ölmüştür ve bu belirli nedenlerle olmuştur.

Bir çocuk doğduğunda, hisseden bir varlıktır. Bazı şeyleri hisseder; henüz düşünen bir varlık değildir. Doğadaki doğal olan herhangi bir şey gibi doğaldır – tıpkı bir ağaç ya da bir hayvan gibi. Fakat onu biçimlendirmeye, işlemeye başlarız. Duygularını bastırmak zorundadır, çünkü duygularını bastırmadıkça, sürekli sıkıntı çeker. Ağlamak istediğinde ağlayamaz, çünkü anne babası bunu onaylamaz. Ayıplanacak, kıymeti bilinmeyecek, sevilmeyecek. Olduğu gibi kabul edilmez. Belirli bir ideolojiye, ideallere uygun davranmak zorundadır; anca o zaman sevilir.

Mevcut doğal haliyle sevgi görmez. Ancak belirli kurallara uyarsa sevilebilir. Bu kurallar dayatılır; doğal değildir. Doğal varoluş bastırılmaya başlar ve doğal olmayan, gerçekdışı ona dayatılır. Bu gerçekdışı zihindir ve bir an gelir, bölünme köprüleri yıkabilecek kadar artar. Gerçek doğanın geçmişte –ya da şimdi– ne olduğunu unutmaya devam edersin. Sen sahte bir yüzsündür; özgün yüz kaybolmuştur. Özgün olanı hissetmeye korkarsın, çünkü onu hissettiğin an tüm toplumu karşına alırsın. Böylece kendin de gerçek doğanın karşısında yer alırsın.

Bu son derece nevrotik bir durum yaratır. Ne istediğini bilmezsin; kendi gerçek, asıl ihtiyaçlarını bilmezsin. Sonra da insan sahici olmayan ihtiyaçları için çabalar, çünkü yalnızca hisseden kalp sana sezgi, yön sağlar... Gerçek ihtiyacın nedir? O bastırıldığında, sembolik ihtiyaçlar yaratırsın. Örneğin, yedikçe yersin, gövdeni yiyecekle doldurursun ve asla doygunluk hissetmeyebilirsin. İhtiyaç duyduğun şey sevgidir, yiyecek değil. Fakat yiyecek ve sevgi derinden ilişkilidir. Bu yüzden, sevgi ihtiyacı hissedilmediğinde ya da bastırıldığında, sahte bir yemek ihtiyacı doğar. Yemek yemeyi de sürdürebilirsin. Bu ihtiyaç sahte olduğundan asla giderilemez. Sahte ihtiyaçlarla yaşıyoruz; hiç giderilmemelerinin nedeni budur.

Sevilmek istersin; bu, temel, doğal bir ihtiyaçtır, fakat yanlış bir boyuta yöneltilebilir. Örneğin, sevgi, sevilme ihtiyacının, başkalarının ilgisini üzerine çekmeye çalıştığında, sahte bir ihtiyaç olduğu hissedilebilir. Diğer insanların sana ilgi göstermesini istersin. Siyasi bir lider olabilirsin –büyük kalabalıklar sana ilgi gösterir– fakat gerçek temel ihtiyacın sevilmektir. Bütün dünya sana ilgi gösterse bile, bu temel ihtiyaç giderilemeyebilir. Bu temel ihtiyacı seni seven tek bir insan bile, sevgisi nedeniyle, sana ilgi göstererek giderilebilir.

Birini sevdiğinde, ona ilgi gösterirsin. İlgi ve sevgi derinden ilişkilidir. Sevgi ihtiyacını bastırırsan, sembolik bir ihtiyaca dönüşür – diğer insanların ilgisine ihtiyaç duyarsın. Bunu elde edebilirsin, ama o zaman da tatmin olmazsın. İhtiyaç sahtedir, temel, doğal ihtiyaçtan ayrıdır. Kişilikteki bu ayrılma nevrozdur.

Tantra, çok devrimci bir kavramdır – çok eski, ancak aynı zamanda çok yeni. Tantra en eski geleneklerden biridir, bununla birlikte gelenekçi değildir, hatta gelenek karşıtıdır, çünkü Tantra, bir ve bütün olmadığın sürece yaşamı bütünüyle kaçırırsın, der. Bölünmüş halde kalamazsın; bir olmalısın.

Bir olmak için ne yapmak gerekir? Düşünmeyi sürdürebilirsin, ancak bu işe yaramayacaktır, çünkü düşünmek bölme tekniğidir. Düşünmek analitiktir. Böler, parçalara ayırır. Hissetmek birleştirir, sentezleştirir, bir kılar. Dolayısıyla düşünmeyi, okumayı, çalışmayı, derin düşünmeyi sürdürebilirsin. Duygu merkezine geri dönmedikçe, bunun bir faydası olmayacaktır. Ancak bu çok zordur, çünkü duygu merkezini düşünürken bile, düşünüyoruzdur!

Birine "Seni seviyorum!" dediğinde, bunun bir düşünce mi, yoksa duygu mu olduğunu sapta. Eğer sadece bir düşünceyse, o zaman bir şeyleri kaçırıyorsun. Bir duygu bütünlük içerir; bütün bedenini, zihnini, sana dair her şeyi kapsar. Düşünürken yalnızca kafa gerekir, o da tam olarak değil – yalnızca bir parçası, gelip geçen bir düşünce. Bir sonraki an orada olmayabilir. Yalnızca bir parçası gereklidir, o da yaşamda pek çok ıstırap yaratır, çünkü kırıntı halindeki bir düşünce için gerçekleştiremeyeceğin vaatlerde bulunabilirsin. "Seni seviyorum ve seni her zaman seveceğim." diyebilirsin. Şimdi bu ikinci bölüm, asla yerine getiremeyeceğin bir vaattir, çünkü kırıntı halindeki bir düşüncenin ürünüdür. Bütün varlığını kapsamaz. Yarın, bu parça gittiğinde ve o düşünce artık orada olmadığında ne yapacaksın? İşte o zaman vaat bir esaret olacaktır.

Sartre, bir yerde her vaadin sahte çıkacağını söyler. Vaatte bulunamazsın, çünkü bir bütün değilsin. Yalnızca bir parçam vaatte bulunur, o parça hakimiyetini kaybedip bir başka parça devreye girince ne yapacağım? Vaadi kim gerçekleştirecek? İkiyüzlülük doğar, çünkü o zaman vaadi yerine getirmeye çalışır, yerine getiriyormuş gibi yaparım... O zaman da her şey sahteleşir.

Tantra duygu merkezinin derinliklerine dal der. Ne yapılır, duygu merkezine nasıl dönülür? Şimdi sutralara gireceğim. Bu sutralar, her bir sutra, seni bütün kılmaya yönelik bir çabadır. Birinci sutra:

> Cinsel birleşmenin başında, başlangıçtaki ateşi korumaya özen göster ve böyle devam ederek, sondaki közleri önle.

Cinsellik eylemi çok derin bir doyum olabilir, pek çok nedenle seni bütünlüğüne, doğal, gerçek varlığına tekrar kavuşturabilir. Birincisi, cinsel eylem bütünlüğü olan bir eylemdir. Zihninden, dengenden kurtulursun. Cinsel eylemden bu kadar korkulmasının nedeni de budur. Akılla özdeşleşmişsindir, cinsel eylem ise akıldışı bir eylemdir. Bu eylem esnasında kafan devre dışıdır. Hiçbir mantık, hiçbir zihinsel süreç yoktur. Zihinsel bir sürecin olması halinde, hakiki seks yoktur. Dolayısıyla orgazm ve doyum da yoktur. O zaman cinsel eylemin kendisi lokal bir şey, beyinle ilgili bir şey haline gelir.

Tüm dünyada cinsel eyleme duyulan arzunun, bu denli şehvetin nedeni dünyanın giderek daha cinsel olması değildir. Bunun nedeni insanların cinsel eylemin bütünsel bir eylem olarak tadına varamamasıdır. Dünya eskiden daha cinseldi. Böyle bir cinsel eylem arzusunun bulunmaması da bu yüzdendi. Bu arzu, gerçek olanın kaybolduğunu ve bizim sahte olandan yana olduğumuzu gösterir. Modern zihin tamamen cinsel olmuştur, çünkü cinsel eylemin kendisi yitip gitmiştir. Hatta cinsel eylem zihne aktarılmıştır; artık zihinseldir. Onun hakkında *düşünürsün*.

Pek çok insan bana gelir: Cinsel eylem hakkında düşünmeyi sürdürdüklerini söylerler; onun hakkında düşünmekten zevk aldıklarını – okumaktan, resimlere bakmaktan, pornografiden zevk aldıklarını. Ancak cinsel eylem anı geldiğinde, birdenbire

Tantrik Cinsellik Eyleminin Spiritüelliği

ilgilenmediklerini hissederler. Hatta iktidarsız olduklarını hissederler. Düşünürken hayat enerjisini hissederler. Asıl eyleme dalmak istediklerinde ise hiç enerjileri, hatta istekleri bile olmadığını hissederler. Bedenleri ölmüş gibi hissederler. Onlara ne oluyor? Cinsel eylem bile zihinsel olmuştur. Onu yalnızca düşünebiliyorlar; yapamıyorlar, çünkü sevişmek için kendilerini vermeleri gerekiyor. Kendilerini tamamen ortaya koyduklarında kafa huzursuz oluyor – çünkü o zaman artık efendi değil, artık kontrol onun elinde değil.

Tantra, cinsel eylemi seni bütün kılmak için kullanır, ancak o zaman cinsellik eylemine çok derin düşünerek dalman gerekir. Cinsel eylem hakkında duyduğun, cinsel eylem hakkında öğrendiğin, toplumun, kilisenin, dinin, öğretmenlerinin sana söylediği her şeyi unutarak dalman gerekir... Her şeyi unut ve kendi bütünlüğün içinde cinsel eyleme katıl. Kontrolü unut! Kontrol engeldir. Daha ziyade, onun seni ele geçirmesini sağla; onu kontrol etme.

Delirmişçesine ona dal – akılsızlık delilik gibi görünebilir. Beden ol, hayvan ol, çünkü hayvan bütündür. Modern bir insanın olduğu gibi, yalnızca cinsel eylem seni bütün kılacak en kolay olasılık gibi görünür, çünkü cinsel eylem en derinidir, içindeki biyolojik merkezdir. Ondan doğarsın. Bütün bedenin bir cinsel enerji fenomenidir.

Birinci sutra şöyle der:

Cinsel birleşmenin başında, başlangıçtaki ateşi korumaya özen göster ve böyle devam ederek, sondaki közleri önle.

Bütün farkı yaratan da budur. Sana göre, cinsel eylem bir salıvermedir. Bu yüzden ona daldığında telaş içindesindir. Yalnızca bir salıverme istersin. Taşkın enerji serbest kalacaktır; kendini rahat hissedeceksin. Bu rahatlık bir tür zayıflıktan başka bir şey değildir. Taşkın enerji gerilim, heyecan yaratır. Bir şey yapılması gerektiğini hissedersin. Enerji serbest bırakıldığında, kendini zayıf hissedersin. Bu zayıflığı bir gevşeme olarak kabul edebilirsin, çünkü artık heyecan kalmamıştır, taşkın enerji kalmamıştır. Gevşeyebilirsin! Ancak bu gevşeme negatif bir gevşemedir. Enerjiyi yalnızca söküp atarak gevşeyebildiğinde, bedeli çok yüksektir. Üstelik bu gevşeme yalnızca fiziksel olabilir. Derinleşemez ve spiritüelleşemez.

Birinci sutra telaş etme, sonu şiddetle arzulama der. Başlangıçta kal. Cinsel eylemin iki kısmı vardır: Başlangıç ve son. Başlangıçta kal. Başlangıç kısmı daha gevşek, sıcaktır. Sona ulaşmak için telaş etme. Sonu tümüyle unutun.

Cinsel birleşmenin başında, başlangıçtaki ateşi korumaya özen göster...

Taşkın haldeyken, salıverme açısından düşünme. Bu taşkın enerjiyi koruy. Boşalma arayışında olma. Bunu tümüyle unut. Bu sıcak başlangıçta bütünlüğünü koru. Sevdiğinle ya da âşığınla bir bütün halinde kal. Bir çember, bir döngü yarat.

Üç olasılık vardır. İki sevgilinin bir araya gelmesi üç şekil –geometrik şekil– yaratabilir. Ayakta durarak üç geometrik şekil oluşturmuş çıplak bir erkek ve kadını, bir yerlerde okumuş, hatta buna dair eski bir simya resmi görmüş olmalısın. Şekillerden biri kare, diğer şekil üçgen, üçüncüsü ise bir dairedir.

Bu, cinsel eylemin eski simya ve Tantrik analizlerinden biridir. Genel olarak cinsel eylem esnasında iki değil, dört kişisindir – bu bir karedir: Dört açı vardır: Çünkü sen ikiye bölünürsün –düşünen taraf ve hisseden taraf– eşin de ikiye bölünmüştür. Dört kişisinizdir. Orada buluşan iki değil, dört kişidir. Bu bir kalabalıktır. Gerçekten derin bir birleşme olamaz. Dört köşe vardır ve birleşme kesinlikle sahtedir. Birleşme gibi görünür, ama değildir. Paylaşım da olamaz, çünkü daha derin parçan saklıdır, sevdiğinin de daha derin parçası saklıdır. Birleşen yalnızca iki akıldır, yalnızca iki düşünme sürecidir; iki hissetme süreci değil. Onlar saklıdır.

İkinci birleşme türü bir üçgene benzetilebilir. İki kişisinizdir – iki taban açısı. Aniden bir an için, tıpkı üçgenin üçüncü açısı gibi tekleşirsiniz. Ancak aniden bir an için... ikiliğiniz kaybolur ve bir olursunuz. Bu, kare birleşmeye nazaran daha iyidir, çünkü en azında bir an için de olsa birlik vardır. Bu birlik size sağlık, canlılık verir. Kendinizi yeniden canlı ve genç hissedersiniz.

Fakat en iyisi üçüncüsüdür, üçüncüsü Tantra birleşmesidir: Bir daire oluşturursunuz. Açı yoktur ve birleşme anlık değildir. Birleşme gerçekten geçici değildir; içinde zaman barındırmaz. Bu ancak boşalma arayışı içinde olmadığında gerçekleşebilir. Eğer boşalma arayışı içindeysen, bu bir üçgen birleşme olacaktır – çünkü boşalma olduğu an, bağlantı noktası kaybolur.

Başlangıçta kal; sona doğru ilerleme. Nasıl başlangıçta kalınır? Unutulmaması gereken çok şey vardır.

Birincisi, cinsel eylemin bir yere doğru gittiğini düşünme. Onu bir araç olarak düşünme – başlı başına bir hedeftir. Hedefi yoktur, bir araç değildir. İkincisi, geleceği düşünme; şimdide kal. Cinsel eylemin başlangıç kısmında şu anda kalamıyorsan, asla şu anda kalamazsın – çünkü eylemin doğası öyledir ki seni şu ana atar.

O anda kal. İki bedenin, iki ruhun buluşmasının, birbirine karışmasının, birbirinin içinde erimesinin tadını çıkar. Herhangi bir yere yöneldiğini unut. Hiçbir yere ulaşmadan o anda kalıp, eri. Sıcaklık, sevgi, iki insanın birbiri içinde eriyebileceği ortamı yaratacaktır.

Cinsel eylemin, sevgi olmazsa, aceleyle yapılan bir eylem olması bu yüzdendir. Diğer kişiyi kullanırsın; o yalnızca bir araçtır. Diğeri de seni kullanır. Birbirinize karışmak yerine, birbirinizi sömürürsünüz. Sevgiyle birbirinize karışabilirsiniz. Başlangıçtaki bu karışma, pek çok yeni içgörü kazandıracaktır.

Eylemi bitirme telaşında olmazsan, eylem yavaş yavaş cinsellikten çıkar, giderek spiritüelleşir. Cinsel organlar da birbiri içinde erir. İki beden enerjisi arasında derin ve sessiz bir paylaşım gerçekleşir, böylece saatlerce bir arada kalabilirsiniz. Bu bir aradalık zaman geçtikçe daha da derinleşir. Fakat düşünmeyin. Derin bir biçimde birbirinize karışmış olarak, o anda kalın. Bu bir esrikliğe, bir samadhi'ye* dönüşür. Bunu bilebilirseniz, bunu hissedebilir ve idrak edebilirseniz, cinsellik düşkünü zihniniz de cinsellik düşkünü olmaktan çıkacaktır. Çok derin bir *brahmacharya'ya* ulaşılabilir, bu sayede bekârete ulaşılabilir.

* Kozmik farkındalık, yüksek şuur hali. (Çev. n.)

Bu paradoks gibi görünebilir, çünkü her zaman bir insanın bekâretini koruyabilmesi için karşı cinsten insanlara bakmaması, onlarla karşılaşmaması, bundan kaçınması, kaçması gerektiğini düşünürüz. İşte o zaman sahte bekâret gerçekleşir: Zihin karşı cinsi düşünmeye devam eder. Ötekinden ne kadar kaçarsan, o kadar düşünmek zorunda kalırsın, çünkü bu temel ve derin bir ihtiyaçtır.

Tantra kaçmaya çalışma der – kaçmak mümkün değildir. Daha çok, ötesine geçmek için doğanın kendisini kullanın. Mücadele etme! Onun ötesine geçmek için doğayı kabul et. Sevdiğinle ya da âşığınla aranızdaki paylaşım, yalnızca başlangıçta kalarak, sonu gelmeden sürerse... Heyecan enerjidir. Onu kaybedebilirsin, doruğa ulaşabilir, bunu çöküntü izler, bir zayıflık izler. Bunu bir gevşeme olarak kabul edebilirsin – bu negatiftir.

Tantra sana olumlu, daha pozitif bir gevşeme boyutu kazandırır. Eşler birbirleriyle buluşurlar, birbirlerine hayat enerjisi verirler; bir daire oluştururlar ve enerjileri bir daire içinde hareket etmeye başlar. Birbirlerine hayat yeniden canlandıran bir hayat verirler. Hiç enerji kaybı olmaz. Aksine, daha fazla enerji kazanılır, çünkü karşı cinsle bağlantı sayesinde her bir hücren kışkırtılır, heyecanlanır. İnsanı doruğa götürmeyen bu heyecan içinde, kızışmadan, sıcaklığını koruyarak başlangıçta kalabilirsen, bu iki "sıcaklık" birleşir.

Eylemi çok uzun bir süre sürdürebilirsin. Boşalmaksızın, enerjiyi dışarı atmaksızın bir meditasyon gerçekleşir. Bu sayede bütünleşirsin. Bu sayede bölünmüş kişiliğin, artık bölünmüş değildir – birleşmiştir.

Nevroz bütünüyle bölünmüşlüktür. Yeniden birleşirsen, yeniden çocuk ve masum olursun. Bu masumiyeti öğrendiğinde, toplumun gerektirdiği gibi davranmayı sürdürebilirsin. Ancak şimdi bu davranış yalnızca bir oyundur, rol yapmadır. Seni esir almaz. Bir gerekliliktir – onu yaparsın, içinde değilsindir. Sadece rol yapıyorsundur. Sahte yüzler kullanmak zorunda kalacaksın, gerçekdışı bir dünyada yaşıyorsun; aksi halde, dünya seni ezer ve öldürür.

Tantrik Cinsellik Eyleminin Spiritüelliği

Pek çok gerçek yüzü öldürdük. İsa'yı çarmıha gerdik, çünkü gerçek bir insan gibi davranmaya başladı. Gerçekdışı toplum bunu hoş görmez. Sokrates'i zehirledik, çünkü gerçek bir insan gibi davranmaya başladı. Toplumun gerektirdiği gibi davran; hem kendin hem de başkaları için gereksiz sorunlar yaratma. Gerçek varlığını ve bütünlüğünü fark ettiğinde, gerçekdışı toplum seni nevrotik yapamaz; seni delirtemez.

Cinsel birleşmenin başında, başlangıçtaki ateşi korumaya özen göster ve böyle devam ederek, sondaki közleri önle.

Boşalma olursa, enerji de boşa gider. Geride de ateş kalmaz. Hiçbir şey elde etmeksizin yalnızca enerjinden olursun.

İkinci sutra:

Böyle bir kucaklaşmada duyuların yaprak gibi titrer, bu sarsıntıya gir!

Korkar olduk... Sevişirken, bedenlerimizin çok fazla hareket etmesine izin vermeyiz – çünkü bedenlerimizin çok fazla hareket etmesine izin verirsek, cinsel eylem tüm vücuda yayılır. Onu cinsellik merkeziyle sınırladığında, kontrol altında tutabilirsin; zihin kontrol altında kalabilir. Bütün bedene yayıldığında, kontrol altında tutamazsın. Titremeye başlayabilirsin, bağırmaya başlayabilirsin, beden hâkimiyeti ele geçirdiğinde, bedenini kontrol edebilirsin.

Hareketleri bastırır. Özellikle, bütün dünyada, kadınların tüm hareketleri, tüm sarsılmalarını bastırdık. Cansız beden gibi olurlar. Sen kadına bir şey yapıyorsun; o ise sana herhangi bir şey yapmıyor. O pasif taraftır. Neden bu böyle oldu? Neden bütün dünyada erkekler, kadınları böyle bastırdılar?

Korku vardır – çünkü kadının bedeni ele geçirildiğinde, erkeğin onu tatmin etmesi çok zordur: Çünkü kadın art arda orgazm olabilir, ama erkek olamaz. Erkek yalnızca bir kez orgazm olabilir, kadınsa art arda olabilir. Çoklu orgazm vakaları vardır. Herhangi bir kadın art arda en az üç kere orgazm olabilirken, erkek yalnızca bir kez olabilmektedir. Erkeğin orgazmıyla birlikte kadın tahrik olmakta ve sonraki orgazmlara hazır hale gelmektedir. O zaman bu zordur. Bunun üstesinden nasıl gelinir? Kadın hemen bir başka erkeğe ihtiyaç duyar, grup seksi ise tabudur. Tüm dünyada tek eşli toplumlar yarattık. Bu, kadını bastırmak için en iyi yoldur. Gerçekten de kadınların yüzde seksen ile yüzde doksanı orgazm nedir hiç bilmiyor. Çocuk doğurabiliyorlar; bu başka bir şey. Erkeği tatmin edebiliyorlar; bu da başka bir şey. Ama kadınlar asla tatmin olmuyor. Bu yüzden bütün dünyadaki kadınlarda böyle bir burukluk –üzüntü, burukluk, engellerin yarattığı hayal kırıklığı– görüyorsan, bu doğaldır. Temel ihtiyaçları karşılanmıyor.

Sarsılmak harikadır, çünkü cinsel eylem esnasında sarsılırsan, enerji bütün bedeninde akmaya başlar, enerji bütün bedende titreşir. Buna bedenin her hücresi dahil olur. Her bir hücre canlanır, çünkü her hücre bir cinsellik hücresidir.

Doğduğunda, iki cinsiyet hücresi birleşti ve varlığın yaratıldı, bedenin yaratıldı. Bu iki cinsiyet hücresi bedeninin her yerinde bulunur. Çoğalıp durdular fakat ana birim cinsiyet hücresi olarak kalır. Bütün bedeninle sarsılırken, bu yalnızca sevdiğinle birleşmen değildir; aynı zamanda, bedeninde her bir hücre karşıt hücreyle birleşmektedir. Sarsılma bunun göstergesidir. Bu hayvansı gibi gelecektir, ama insan bir *hayvandır* ve bunda yanlış olan bir şey yoktur.

İkinci sutra şöyle der:

> Böyle bir kucaklaşmada duyuların yaprak gibi titrer...

Sert bir rüzgâr esiyor ve ağaç sarsılıyor, hatta kökleri bile sarsılıyor, her yaprağı sarsılıyor. Tıpkı bir ağaç gibi ol. Sert bir rüzgâr esiyor, cinsellik de sert bir rüzgârdı– içinde esen güçlü bir enerji. Sarsıl! Titre! Bedeninin her bir hücresinin dans etmesini sağla. Bu her ikinize de olmalı. Sevdiğin de her bir hücresi titreyerek, dans etsin. O zaman o birleşme zihinsel olmaz –bioenerjileriniz buluşur.

Bu sarsıntıya dal, titrerken mesafe koyup katılmamazlık etme, seyirci kalma, çünkü zihin seyircidir. Mesafe koyma! Titreme *ol*, titremeye *dönüş*. Her şeyi unutup, sarsıntı ol. Sarsılan bedenin değil: Sensin, bütün varlığın. Titremenin kendisi ol. O zaman iki beden, iki zihin olmaz. Başlangıçta, titreyen iki enerji olur... Sonunda iki beden değil, yalnızca bir daire.

Bu dairede ne olacak? Birincisi, varoluşsal bir gücün parçası olacaksın – toplumsal bir zihnin değil, varoluşsal bir gücün parçası. Bütün evrenin bir parçası olacaksın; bu sarsılmada bütün bir evrenin parçası olacaksın. Bu, müthiş yaradılış anıdır. Katı bedenler olarak erirsiniz. Birbirine akan sıvılar haline gelirsin. Zihin kaybolur. Bölünme yok olur. Bir olursunuz.

Bu *advaita'dır** – ikiliğin ortadan kalkmasıdır. İkiliğin ortadan kalktığını hissedemezsen bütün gayri ikilik felsefeleri yararsızdır. Sadece sözden ibarettirler. İkili olmayan bu varoluş anını öğrendiğinde, Upanişadları** ancak o zaman anlayabilir, mistikleri, neden söz ettiklerini –kozmik bir birlik, bir bütünlük– ancak o zaman anlayabilirsin. O zaman dünyadan ayrı değilsindir, ona yabancı değilsindir. O zaman varoluş meskenin olur.

"Şu an varoluş içinde evimdeyim." duygusuyla bütün dertler yok olur. O zaman hiçbir ıstırap, hiçbir mücadele, hiçbir çatışma kalmaz. **Lao Tzu***** buna Tao, **Şankara** *advaita* der. Bunu sen de kendine göre adlandırabilirsin, fakat derin bir aşk kucaklaşmasıyla hissetmek kolaydır. Canlı ol, sarsıl ve sarsılmanın kendisi ol.

---

* *Advaita (Hint):* Hinduizm'in altı büyük mezhebinden biri... Ünlü Yoga anlayışı bu altı büyük mezhepten bir diğeridir. *Advaita* sözcük olarak Sanskritçe 'ikilik yokluğu' demektir. Bu mezhebin anlayışına göre, madde ve ruh ikiliği bilgisizlikten doğmuştur, gerçekte bu ikisi bir ve aynı şeydir. (Ed. n.)

** Hinduizm'in *Vedalar'*dan sonra başvurduğu, Veda öğretisine dayanan ikinci kutsal metin. (Çev. n.)

*** **Lao Tzu** (Lao Dan): Taoizm'in kurucusu... (Ed. n.)

Üçüncü sutra:

Kucaklaşma olmaksızın, birleşmeyi anımsamak bile, dönüşümdür.

Bunu öğrendiğinde, eşe bile ihtiyaç duymazsın. Yalnızca eylemi hatırlayıp kendini ona bırakabilirsin. Ama önce o duyguyu taşımalısın. Duyguyu bilirsen, eşin olmadan da kendini eyleme bırakabilirsin. Bu biraz zordur, ama yapılabilir. Yapamadığın zaman da, bağımlı olmayı sürdürürsün – bir bağımlılık doğar. Pek çok nedenle, bu olur.

Duyguyu tatmışsan, orada bulunmadığın, ancak bir olduğun titreşimli bir enerji haline geldiğin ve eşinle bir daire oluşturduğunuz anı öğrendiysen, zaten o anda eş yoktur. Yalnızca sensindir, eşiniz için de sen değilsindir: Yalnızca kendisidir.

Birliğin merkezi içinde olduğundan eşin artık orada değildir. Bu duyguyu tatmak da kadınlar için daha kolaydır, çünkü onlar her zaman gözlerini kapatarak sevişirler.

Bu teknik esnasında, gözlerini kapatmanda fayda var. Ancak o zaman içsel bir daire duygusu, içsel bir birlik duygusu olacaktır. Yalnızca bunu anımsa. Gözlerini kapat, eşinle birlikteymiş gibi uzan, yalnızca anımsa ve onu hissetmeye başla. Bedenin sarsılmaya ve titremeye başlayacak.

Buna izin ver! Ötekinin orada olmadığını bütünüyle unut. Öteki ordaymış gibi davran. 'Sanki' yalnızca başlangıçta söz konusudur; sonra öteki zaten oradadır. Gerçekten cinsel eyleme giriyormuş gibi davran. Eşinle yaptığın her şeyi yap. Bağır, kıvran, sarsıl. Kısa sürede daire orada olacak – bu daire bir mucizedir. Kısa süre içinde dairenin meydana geldiğini hissedeceksin. Şimdi bu daireyi bir kadın ve bir erkek meydana getirmiyor. Eğer erkeksen, o zaman bütün evren kadın olmuştur. Eğer kadınsan, bütün evren erkek olmuştur. Şu anda varoluşun kendisiyle derin bir paylaşım içindesin ve kapı, yani öteki artık orada değildir.

Diğer kişi yalnızca bir kapıdır. Bir kadınla sevişirken, aslında varoluşun kendisiyle sevişiyorsun. Kadın yalnızca bir kapıdır, erkek yalnızca bir kapıdır. Öteki yalnızca bütünlüğe açılan bir kapıdır. Ancak öyle bir telaş içindesindir ki onu asla hissetmezsin. Eğer saatlerce birbirinizle paylaşım halinde, derin bir kucaklaşma halinde olursanız, ötekini unutursun, öteki yalnızca bütünün bir uzantısına dönüşecektir.

Bu tekniği öğrendikten sonra, bu tekniği tek başına da kullanabilirsin. Tek başına kullanabildiğin zaman, bu sana yeni bir özgürlük –ötekinden kurtuluş– sağlar. Aslında, bütün varoluş öteki –sevdiğin, âşığın– olup çıkar. O zaman bu teknik sürekli kullanılabilir ve kişi varoluşla sürekli paylaşım içinde kalabilir.

O zaman bunu başka boyutlarda da gerçekleştirebilirsin. Sabahları yürüyüşe çıktığında yapabilirsin. O zaman havayla, doğan güneşle, gökyüzüyle, ağaçlarla paylaşım içinde olursun. Gece yıldızları seyrederken, bunu yapabilirsin. Aya bakarken yapabilirsin, nasıl yapılacağını öğrendiğinde, bütün bir evrenle cinsel eylem içinde bulunabilirsin.

Ama insanlarla başlamakta fayda var, çünkü sana en yakın –evrenin en yakın parçası– olanlar onlardır. Ama gereksiz değildirler. Bir sıçrayışla kapıyı tümden unutabilirsin.

Birleşmeyi anımsamak bile... Dönüşümdür.

Ve dönüşür, yenilenirsin.

Tantra seksi bir araç olarak kulanır. O enerjidir; bir araç olarak kullanılabilir. Sana dönüştürebilir, sende aşkın durumlar yaratabilir.

Fakat cinselliği kullandığımızdan bu bize zor gelir, çünkü onu çok yanlış bir biçimde kullanıyoruz. Ve yanlış yöntem doğal değildir; hayvanlar bizden daha iyidir. Onlar cinselliği doğal bir tarzda kullanıyorlar; bizim tarzlarımız sapkındır. İnsanın zihnine sürekli cinselliğin günah olduğunun sokulması, önümüzde büyük bir engel yaratmıştır. Kendini asla tamamen bırakamazsın. Hep ayıplama, mesafe vardır. Yeni kuşak için bile... Cinsellikle ilgili sıkıntılarının, takıntılarının olmadığını, cinselliğin onlar için bir tabu olmadığını söyleyebilirler, ama insan bilinçaltını bu kadar kolay boşaltamaz. Cinselliğin oluşması yüzyıllar almıştır. İnsanın bütün geçmişi oradadır. Dolayısıyla bilinçli olarak cinselliği günah kabul edip ayıplamasan da, bilinçaltın oradadır ve onu sürekli ayıplar. Hiçbir zaman tam olarak içinde değilsindir. Bir şeyler daima dışarıda kalır. İşte bu dışarıda kalan kısım bölünmeyi yaratır.

Tantra sekse tamamen dal der. Kendini, uygarlığını, dinini, kültürünü, ideolojini unut. Her şeyi unut! Yalnızca ona dal – ona tamamen dal. Herhangi bir şeyi dışarıda bırakma. Mutlak bir düşünmezlik haline bürün. Ancak bundan sonra bir başkasıyla bir hale gelinebilecek farkındalık gerçekleşir.

Bu birlik duygusu eşten kopartılıp bütün bir evren için kullanılabilir. Bir ağaçla, Ay'la –herhangi bir şeyle– cinsel eylem içinde bulunabilirsin. Bu daireyi nasıl yaratacağını öğrendiğinde, daire herhangi bir şeyle –hatta bir şey olmadan– yaratılabilir.

Bu daireyi kendi içinde de yaratabilirsin, çünkü erkek hem erkek hem kadın, kadın da hem kadın hem erkektir. Hem kadın hem erkeksin, çünkü bu ikisi tarafından yaratıldın. Hem erkek hem kadın tarafından yaratıldığın için bir yarın karşı cins olarak kalır. Her şeyi tümüyle unutabilirsin ve içinde bu daire yaratılabilir. İçinde bu daire yaratıldığında –erkeğin kadınınla, içsel kadın içsel erkekle birleşince– kendi içinde bir kucaklaşma içindesindir. Ancak bu daire yaratıldığında gerçek bekârete erişilir. Aksi halde tüm bekâretler, yalnızca sapkınlık ve kendi sorun kaynağıdır.

Daire içten yaratıldığında, özgür kalırsın. Tantra'nın söylediği şudur: Cinsellik en büyük esarettir, ancak en yüksek özgürlüğe ulaşma aracı olarak kullanılabilir. Tantra zehrin ilaç olarak kullanılabileceğini söyler – bilgelik gerekir.

Bu yüzden hiçbir şeyi ayıplama. Aksine, onu kullanın. Herhangi bir şeye karşı olma. Kullanıp dönüşmenin yollarını ara. Tantra derindir, hayatın bütünüyle kabul edilmesidir. Tek yaklaşım... Bütün dünyada, geçip giden bütün yüzyıllar içinde, Tantra benzersizdir. Der ki: Hiçbir şeyi kaldırıp atma, hiçbir şeye karşı olma ve herhangi bir çatışma yaratma – çünkü herhangi bir çatışma yüzünden kendine zarar verirsin.

Bütün dinler cinselliğe karşıdır, ondan korkarlar, çünkü müthiş bir enerjidir. Ona kapıldığında artık yoksun, sonra da akıntı seni herhangi bir yere taşıyacaktır; korkunun nedeni budur. Bu yüzden: "Akıntıyla iki ayrı şey olabilmeniz için bir engel yarat!

Bu hayat enerjisinin sana sahip olmasına izin verme – onun efendisi ol!" Yalnızca Tantra bu efendiliğin sahte, hastalıklı, patolojik olduğunu söyler, çünkü aslında bu akıntıdan kopamazsın. Sen osun! Bu yüzden bütün bölünmeler sahtedir, keyfidir. Esas itibariyle de hiçbir bölünme mümkün değildir, çünkü sen akıntısıdır; onun vazgeçilmez parçasısın, içinde bir dalgasın. Donabilirsin, kendini akıntıdan ayırabilirsin, ama bu donma hali, ölüm hali olacaktır. İnsanlık ölmüştür. Hiç kimse gerçekten canlı değildir; akıntı içinde sürüklenen ölü yükleriz yalnızca. Eri! Tantra erimeye çalış der. Buzdağı gibi olma: Eriyip nehirle birleş.

Nehirle bir olarak, nehirle kendini bir hissederek, nehre karışarak, farkındalığı yakala, dönüşüm olacaktır – dönüşüm *vardır*. Dönüşümün çatışma sayesinde değil, farkındalık sayesinde gerçekleşir.

Bu üç teknik çok, çok bilimseldir, ancak o zaman cinsellik bildiğinden başka bir şey haline gelir. O zaman geçici bir rahatlama değildir. Enerjinin dışarı atılması değildir. Onun sonu yoktur, barındırmaz, derin düşüncelerle dolu bir daire haline gelir.

Birkaç teknik daha:

> Uzun zamandır görmediğin bir arkadaşını görüp sevindiğinde, bu sevinci sindir.

Bu sevince dal ve onunla bir ol – herhangi bir sevinçle, herhangi bir mutlulukla. Bu yalnızca bir örnektir:

> Uzun zamandır görmediğin bir arkadaşını görüp sevindiğinde...

Günlerce, yıllarca görmediğin bir arkadaşınla birden karşılaşıyorsun. Seni ani bir sevinç sarar. Fakat ilgin, bu sevincine değil, arkadaşına yönelecektir; o zaman bir şeyleri kaçırırsın. Bu keyif anlık olacaktır, ilgin de arkadaşına odaklanır: Konuşmaya, bir şeyleri hatırlamaya başlayacaksın ve bu sevinci kaçıracaksın, bu sevinç uçup gidecek.

Bir arkadaşını görüp, içinde doğan ani sevinci duyduğunda, dikkatini bu sevinç üzerinde yoğunlaştır. Onu hisset ve ona dönüş. Ve arkadaşınla farkındalık içinde, sevinçle dolu olarak buluş. Arkadaşının kenarda kalmasını sağla, sense mutluluk duygunun merkezinde kal.

Bu pek çok farklı durumda da yapılabilir. Güneş doğar, aniden içinde de bir şeyin doğduğunu hissedersin. O zaman güneşi unut; güneşin kenarda kalmasını sağla. Yükselen enerjine ilişkin kendi duygularına odaklan. Bu duyguya baktığın an, duygu yayılacaktır. Duygu bütün bedenin, bütün varlığın olacaktır. Bu duygunun gözlemcisi olmakla yetinme —bu duyguya karış. Sevinç, mutluluk, sonsuz bahtiyarlık duyabileceğimiz anlar sınırlıdır, ama onlan kaçırmaya devam ederiz, çünkü nesnelere odaklanırız.

Sevinç duyduğumuzda, bunun, onun dışarıdan geldiğini zannederiz. Bir arkadaşını görmüşsündür; kuşkusuz, sevinç, arkadaşından, onu görmekten kaynaklanıyor gibi gelir. Gerçek durum bu değildir. Sevinç daima içindedir. Arkadaş yalnızca bir duruma dönüşmüştür; arkadaş durumun ortaya çıkmasına yardım etmiştir, ama durum zaten oradadır. Yalnızca sevinçte değil, her şeyde: Öfkede, ıstırapta, mutlulukta – her şeyde öyledir. Diğerleri yalnızca içindeki gizli şeylerin ifade edildiği durumlardır. Onlar nedenler değildirler, onlar sendeki bir şeyin nedeni değildirler. Her ne oluyorsa, sana olur. Daima orada olmuştur; yalnızca dostunla bu karşılaşman saklı olanı açığa vuran bir durum olmuştur. Gizli kaynaklardan çıkıp aleni, apaçık bir hale gelmiştir.

Bu olduğu zaman, içsel duyguya odaklanmış olarak kal. O zaman yaşamda her şeye karşı farklı bir tutum geliştireceksin. Duygular olumsuz bile olsa, bunu yap.

Öfkelendiğin zaman, sende bu duyguyu uyandıran insana odaklanma. O kişinin kenarda kalmasını sağla. Yalnızca öfke, onu bütünlüğü içinde hisset – onun içerde olmasına izin ver. Mantıkla açıklama; 'Bunu bu adam yarattı." deme. Adamı kınama. O kişi yalnızca bir durum olmuştur. Gizli bir şey açığa çıktığı için ona karşı minnet duy. Bir yere çarpmıştır ve çarptığı yerde gizli bir yara vardır. Artık bunu biliyorsun – yara ol.

Olumlu ya da olumsuz, bütün duygular için bunu kullan, müthiş bir değişim geçineceksin. Duygu olumsuzsa, o duygunun içinde olduğunu fark ederek ondan kurtulup özgürleşeceksin. Duygu olumluysa, duygunun kendisi. Duygu sevinçse, sevinç. Duygu öfkeyse, öfke yavaş yavaş kaybolacak.

Olumlu ve olumsuz duygular arasındaki fark budur. Belli bir duygunun farkına varırsan, farkındalık duygusu yavaş yavaş kaybolursa, bu duygu olumsuzdur. Belli bir duygunun farkına vararak, o duygu *oluyorsan* ve duygu yayılıp, varlığın oluyorsa, olumludur.

Farkındalık her iki durumda da farklı işler. Zehirli bir duyguysa, farkındalıkla ondan kurtulursun. İyi, bahtiyarlıkla dolu, coşku vericiyse, onunla bir olursun; farkındalık onu derinleştirir.

Bu yüzden, benim için ölçüt budur: Farkındalığın bir şeyi derinleştiriyorsa, bu iyi bir şeydir; bir şey farkındalığın sayesinde yavaş yavaş yok oluyorsa, bu kötüdür. Farkındalık içinde barınamayan şey günahtır, farkındalık içinde büyüyen şey de erdemdir. Günah ve erdem sosyal kavramlar değildirler; içsel kavrayışlardır.

Farkındalığını kullan. Karanlık varsa ve sen ışık getiriyorsan, karanlık artık olmayacaktır. Yalnızca ışık getirirsen, karanlık artık orada olmayacaktır – çünkü aslında, zaten orada değildi. Karanlık olumsuzdu, yalnızca ışık yokluğu idi. Ama orada olan pek çok şey ortaya çıkacaktır. Işığı içeri alınca, bu raflar, bu kitaplar, bu duvarlar yok olmayacaktır. Karanlıkta yoktular; onları göremiyordun. Eğer içeri ışık getirirsen, karanlık artık orada olmayacaktır, gerçek olan ortaya çıkacaktır.

Farkındalık sayesinde, karanlık gibi olumsuz olan her şey yok olacaktır – nefret, öfke, üzüntü, şiddet. Sevgi, neşe, kendinden geçme, hepsi, ilk defa sana görünür.

Uzun süredir görmediğin bir dostunu sevinçle gördüğünde, bu sevinci sindir.

Beşinci teknik:

Yiyip içerken, yiyeceğin ve içeceğin tadı ol, doy.

Bir şeyler yemeye devam ediyoruz, onlar olmadan yaşayamayız, ama onları bilinçsizce, otomatik olarak, robot gibi yiyoruz. Tadı yaşamıyor; yalnızca mideni dolduruyorsun. Yavaş ol ve tadın farkına var. Ve yalnızca yavaş olursan farkında olursun. Bir şeyler yutup durma. Onları telaşsızca tat ve tat ol. Tatlıyı hissettiğin zaman, o tatlılık ol. Ancak o zaman tüm bedende hissedilebilir – yalnızca ağızda değil, yalnızca dilde değil. Tüm bedende hissedilebilir! Dalgalar halinde... Ya da başka bir şekilde yayılan bir tatlılık! Her ne yiyorsan, tadı duy, o tat ol. Tantra'nın başka geleneklerden farklı olmanın sebebi budur.

Caynalar*, "Tat yok– *asvad.*" derler. **Mahatma Gandi** aşram'ında bir kural olarak belirlemişti: *"Asvad* – hiçbir şeyi tatma. Ye, ama tadını alma; tadı unut. Yemek bir gerekliliktir; bunu mekanik bir şekilde yap. Tat arzudur, bu yüzden tatma." Tantra ise olabildiğince çok tatmanı söyler der; daha duyarlı, canlı ol. Ve yalnızca duyarlı da olma – tat ol.

Asvad yani tatsızlık ile duyuların ölür. Gittikçe daha az duyarlı olurlar. Ve onların azalan duyarlılıkları yüzünden bedenini hissedemezsin, duygularını hissedemezsin. O zaman yalnızca kafanı odaklanmış olarak kalırsın. Bu, kafada odaklanmışlık, bölünmüşlüktür. Tantra kendinde bir bölünmüşlük yaratma, der. Tatmak güzeldir, duyarlı olmak güzeldir. Ve duyarlığın arttıkça, daha da canlanacaksın ve canlılığın arttıkça, iç benliğine daha da fazla yaşam girer. Daha açık olursun.

Tatmadan yiyebilirsin; bu zor değildir. Birisine dokunmadan dokunabilirsin; bu zor değildir. Zaten bunu yapmaktayızdır. Birisi ile el sıkışırsın, ama ona dokunmazsın – çünkü dokunmak için, ele gelmeli, ele doğru ilerlemelisin. Kendi parmakların ve

---

* *Caynacılık (Janizm) (Hint):* Brahmanizm'in düzeltilmesi olarak meydana çıkan tanrısız Hint dini... Caynacılık'a göre ruhgöçü, sevap ve gühahlardan yani "Karma"dan doğar. Buysa insan için bir tutsaklıktır, Nirvana'yla bunun önlenmesi ve insanın kurtuluşa ulaştırılması gerekir. (Ed. n.)

avucun olmalısın — sanki sen, ruhun eline gelmiş gibi. Ancak o zaman dokunabilirsin. Birisinin elini eline alıp çekilebilirsin. Çekilebilirsin; o zaman ölü el oradadır. Dokunuyor gibi görünür, ama dokunmaz.

Dokunmuyoruz! Birisine dokunmaya korkuyoruz, çünkü dokunmak cinselliğin simgesi olmuştur. Bir kalabalığın içinde, bir trende, bir kompartımanda ayakta duruyor, bir sürü insana dokunuyor olabilirsin, ama onlara dokunmuyorsundur, onlar da sana dokunmuyordur. Orada yalnızca bedenler temas halindedir, ama siz çekilmişsinizdir. Ve farkı hissedebilirsin: Eğer birisine kalabalıkta gerçekten dokunursan, kendini incinmiş hissedecektir. Bedenin dokunabilir, ama o bedende hareket etmemelisin. Uzak kalmalısın, sanki bedenin içinde değilmiş gibi, yalnızca ölü bir beden dokunuyormuş gibi.

Bu duyarsızlık kötüdür. Kötüdür, çünkü kendini yaşama karşı savunuyorsun. Ölümden ne kadar korkuyoruz ve zaten ölmüşüz. Aslında korkmaya gerek yok, çünkü kimse ölmeyecek — zaten ölmüşsün! Ve korkmamızın sebebi bu, çünkü yaşamamışız. Yaşamı kaçırmışız ve ölüm geliyor.

Canlı biri ölümden korkmaz, çünkü yaşamaktadır! Hatta ölümü bile yaşayabilirsin. Ölüm geldiği zaman, ona o kadar duyarlı olursun ki, ondan zevk alırsın. Büyük bir deneyim olacak. Canlı isen ölümü bile yaşayabilirsin ve o zaman ölüm orada olmayacaktır. Ölümü bile yaşayabilirsen, ölmekte olan bedenine karşı bile duyarlı olabilirsen ve merkeze odaklanıp yok oluyorsan, bunu bile yaşayabiliyorsan, ölümsüz olmuşsun demektir.

Yiyip içerken yiyecek ve içeceğin tadı ol, doy... Tat seni doyursun.

Su içerken serinliği hisset. Gözlerini kapat... Yavaş yavaş iç... Tadını al. Serinliği hisset ve o serinlik olduğunu hisset — çünkü serinlik sudan sana aktarılmaktadır. Bedeninin bir parçası olmaktadır. Ağzını dokunmakta, dilini dokunmakta, serinlik aktarılmaktadır. Dalga dalga dalga yayılsın bedenine. Bu şekilde duyarlılığın büyüyebilir ve daha canlı, daha doygun olabilirsin.

Biz ümitsizlik içindeyiz, kendimizi boş hissediyoruz ve yaşamın boş olduğunu söylüyoruz. Ama yaşamın boş olmasının sebebi biziz. Onu biz doldurmuyoruz ve herhangi bir şeyin doldurmasına izin vermiyoruz. Çevremizde bir zırh var, bir savunma zırhı, kırılgan olmaktan korkuyoruz, bu yüzden kendimizi her şeye karşı savunuyoruz. Ve o zaman bir mezar oluyoruz – ölüye dönüşüyoruz!

Tantra şöyle der: Canlı ol, daha canlı ol, çünkü *yaşam Tanrı'dır*. Yaşamdan başka Tanrı yoktur. Daha canlı ol, ilahi de olacaksın. Tamamen canlı ol, canlı oldukça senin için ölüm olmayacaktır.

Tantra ile Kozmik Orgazm

---

*"Cinsellik yalnızca başlangıçtır, son değildir.
Ama başlangıcı kaçırırsan,
sonu da kaçırırsın."*

Sorularını almadan önce bazı başka noktaların açıklığa kavuşturulması gerekir, çünkü o noktalar Tantra'nın ne anlama geldiğini daha iyi anlamana yardımcı olacaktır. Tantra ahlaki bir kavram değildir. Ne ahlaklı, ne de ahlaksızdır – ahlakdışıdır. Bir bilimdir; bilim de bu ikisinden biri değildir. Ahlaki davranışlarına ilişkin kuralların ve kavramların, Tantra söz konusu olduğunda anlamsızdır. Tantra insanın nasıl davranması gerektiği ile ilgilenmez. İdealler ile ilgilenmez. Temelde ne olduğu ile, senin ne olduğun ile ilgilenir. Bu ayırım derinden anlaşılmalıdır.

Ahlak idealler ile ilgilidir – senin nasıl olman gerektiği, ne olman gerektiği ile ilgilidir. Bu yüzden, ahlak temelde kınayıcıdır. Asla ideal değilsindir, bu yüzden kınanırsın. Her ahlak sistemi suçyaratıcıdır. Asla ideal olamazsın; her zaman arkada kalırsın. Aralık her zaman orada olacaktır, çünkü ideal imkânsızdır. Ve ahlak aracılığı ile daha da imkânsız olmaktadır. İdeal orada, gelecektedir ve sen buradası, ama yine de karşılaştırıyorsun.

Asla mükemmel insan değilsindir; bir şey eksiktir. Suçluluk hissedersin, kendi kendini kınarsın.

Önemli bir nokta: Tantra kınamaya karşıdır, çünkü kınama asla seni dönüştüremez. Kınama yalnızca ikiyüzlülük yaratır. Bu yüzden olmadığın şeyi denersin, öyle görünmeye çalışırsın. İkiyüzlülük senin gerçek bir insan olduğun anlamına gelir, ideal insan değil, ama ideal insan olduğunu göstermeye çalışırmış gibi yaparsın. O zaman içinde bir bölünmüşlük oluşur, sahte bir yüzü olur. Gerçek olmayan adam doğmuştur ve Tantra temelde gerçek insanın arayışıdır, gerçek olmayanın değil.

Her ahlaklılık, zorunluluk yüzünden ikiyüzlülük yaratır. Böyle olacaktır. İkiyüzlülük ahlak ile birlikte kalacaktır. Onun bir parçasıdır – gölgesidir. Bu bir paradoks içerir gibi görünecektir, çünkü ahlakçılar ikiyüzlülüğü en çok kınayan insanlardır ve onlar ikiyüzlülüğün yaratıcılarıdır. Ve ahlak yeryüzünden yok olmadan ikiyüzlülük de yok olmayacaktır. Bu ikisi birlikte var olurlar; aynı paranın iki yüzü gibidirler. Çünkü ahlak sana ideali verir ve sen ideal değilsindir; idealin sana verilmesinin sebebi budur. Hatalı olduğunu ve hatalı olmanın doğal olduğunu hissetmeye başlarsın: Sana bu verilmiştir, onunla doğarsın ve bu konuda hemen bir şey yapman imkânsızdır. Onu dönüştüremezsin; kolay değildir bu. Onu bastırabilirsin; bu kolaydır.

Bu yüzden iki şey yaparsın: Sahte bir yüz yaratırsın; olmadığın bir şeymişsin gibi yaparsın. Bu seni kurtarır. Toplumda daha rahat hareket edersin, daha münasip bir tarzda. Ve içten içe gerçek olanı bastırmak zorunda kalırsın, çünkü ancak gerçek olan bastırıldığı zaman gerçek olmayan dayatılabilir. Bu yüzden kendi gerçekliğin aşağı, bilinçaltına iner ve gerçekdişiliğin bilincin olur. Gerçekdışı kısmın daha baskın olur ve gerçek kısmın geri çekilir. Bölünmüşsündür ve ne kadar çok rol yaparsan, iki kısım arasındaki boşluk da o kadar büyük olur.

Çocuk tek, bütün olarak doğar. Her çocuğun bu kadar güzel olmasının sebebi budur. Güzelliğin sebebi bütünlüktür. Çocuğun boşluğu yoktur, bölünmüş değildir, parçalanmış değildir. Çocuk tektir. Gerçek olan ve olmayan yoktur. Çocuk fazlasıyla gerçektir, otantiktir. Çocuğun ahlaklı olduğunu söyleyemezsin; çocuk ne ahlaklı, ne de ahlaksızdır. Yalnızca ahlaklı ve ahlaksız diye bir şey olmanın farkında değildir. Farkında olduğu an, bölünmüşlük başlar. O zaman çocuk gerçek olmayan şekillerde davranmaya başlar, çünkü gerçek olmak gittikçe zorlaşır.

Bu zorunluluktan olur, unutma, çünkü ailenin, ebeveynin kurallar koyması gereklidir. Çocuğun uygarlaşması, eğitilmesi, görgü kurallarını öğrenmesi, yetiştirilmesi gereklidir; aksi halde çocuk için toplum içinde hareket etmek imkânsız olacaktır. Ona "Bunu yap. Onu yapma." Denmesi gerekir. Ve sonra biz, "Bunu yap," dediğimiz zaman, çocuğun gerçekliği onu yapmaya hazır olmayabilir. Gerçek olmayabilir. Çocuğun içinde onu yapmak için gerçek bir arzu olmayabilir. Ve "Bunu yapma, onu yapma," dediğimiz zaman, çocuğun doğası aslında onu yapmaktan hoşlanıyor olabilir.

Gerçek olanı kınıyoruz ve gerçek olmayanı telkin ediyoruz, çünkü gerçek olmayanı öğrenmek, gerek olmayan bir toplumda yardımcı olacaktır ve herkesin sahte olduğu bir dünyada gerçek olmayan uygun olacaktır. Gerçek olan uygun olmayacaktır. *Gerçek* bir çocuk toplum ile temel bir çelişki yaşayacaktır, çünkü tüm toplum gerçekdışıdır. Bu bir kısırdöngüdür. Bir toplumda dünyaya geliriz ve şimdiye kadar yeryüzünde var olan tek bir toplum gerçek olmamıştır. Bu çok kötüdür! Çocuk bir topluma doğar ve toplumun kendi sabit kuralları, düzenleri, davranış biçimi, ahlakı vardır... Çocuğun öğrenmesi gerekir.

Büyüdüğü zaman sahte olur. O zaman onun çocukları olur ve onların sahte olmasına yardımcı olur ve bu devam edip durur. Ne yapmalı? Toplumu değiştiremeyiz. Toplumu değiştirmeye çalışsak bile, toplum değiştiği zaman muhemelen hayatta olmayacağız. Bu sonsuz zaman alır. Ne yapmalı?

Birey içindeki bu temel bölünmüşlüğün farkında olabilir: Gerçekliğin baskılandığını ve gerçek olmayanın telkin edildiğini idrak edebilir. Bu acıdır, bu acı çekmektir, bu cehennemdir. Gerçek olmayandan tatmin olamazsın, çünkü gerçek olmayan aracılığı ile ancak gerçek olmayan tatminler mümkündür. Ve bu doğaldır. Yalnızca gerçeklik aracılığı ile gerçek tatminler gerçekleşebilir. Gerçeklik aracılığı ile gerçeğe ulaşabilirsin. Gerçek olmayan aracılığı ile daha fazla halusinasyona, yanılsamaya, rüyaya ulaşabilirsin. Ve rüyalar aracılığı ile kendini aldatabilirsin, ama asla tatmin olamazsın.

Örneğin, rüyanda susamışsan, su içtiğini görebilirsin. Bu, uykunun devam etmesine yardımcı olur ve uygundur. Rüya olmasaydı, su içtiğini hayal ettiğin zaman uyanırdın. Gerçek bir susamışlık yaşıyor olurdun. Uykunu bozardı; uyku bozulurdu. Rüya yardım eder; su içtiğin hissini verir sana. Ama su sahte bir histir. Susuzluğun aldatılmış olur; susuzluğun yok olmaz. Uyumaya devam edebilirsin, ama susuzluğun oradadır, baskılanmıştır.

Olan budur – yalnızca uykunda değil: Tüm yaşamında bu olur. Gerçek olmayan, orada olmayan, yalnızca bir cephe olan kişiliğin aracılığı ile bir şeyler ararsın. Onları elde edemezsen perişan olursun; onları elde edersen, gene perişan olursun. Onları elde edemezsen, perişanlık daha az olacaktır. Onları elde edersen, perişanlık daha çok, daha derin olacaktır.

Psikologlar der ki, bu gerçek olmayan kişilik yüzünden, temelde asla hedefe ulaşmayı istemeyiz – temelde asla ulaşmak istemeyiz, çünkü hedefine ulaşırsan, büyük bir hayal kırıklığına uğrayacaksın. Umut içinde yaşarız; umut içinde devam ederiz. Umut rüyadır! Asla hedefe ulaşmazsın, bu yüzden asla hedefin sahte olduğunu fark etmezsin.

Zengin olmaya çalışan fakir adam mücadele ederken daha mutludur, çünkü umut vardır. Ve gerçek olmayan kişilik söz konusu olduğunda, tek umut mutluluktur. Fakir adam zengin olursa, umutsuz olacaktır. Doğal sonuç, hayal kırıklığı olacaktır. Zenginlik oradadır, ama tatmin yoktur. Hedefine ulaşmıştır, ama hiçbir şey olmamıştır; umutları yıkılmıştır. Refaha ulaşan toplumun huzursuz olmasının sebebi budur.

Amerika bugün bu kadar huzursuzsa, bunun sebebi, umutların gerçek olması, hedeflere ulaşılmasıdır ve artık kendini aldatamazsın. Bu yüzden, Amerika'da genç nesil yaşlı neslin tüm hedeflerine isyan ediyorsa, bunun sebebi şudur: Çünkü bunların hepsinin saçma olduğu anlaşılmıştır.

Hindistan'da bunu algılayamıyoruz. Genç insanların bilinçli olarak fakirleşmesini, hippi olmalarını algılayamıyoruz – *isteyerek* fakirleşmelerini! Bunu anlayamıyoruz. Bizim hâlâ umudumuz var. Gelecekte, bir gün ülkenin zengin olacağını ve o zaman cenneti bulacağımızı umut ediyoruz. C e n n e t h e r z a m a n u m u t t a d ı r.

Bu gerçek olmayan kişilik yüzünden, ne kadar denersen dene, ne yaparsan yapın, ne ararsan ara, o gerçekdışı olacaktır. Tantra der ki, ancak ayakların gerçekliğe basıyorsa gerçeği bulabilirsin. Ama gerçekliğe basmak için kendine karşı çok cesur olman gerekir, çünkü uygun olan gerçekdışılıktır, gerçek olmayana göre yetiştirilmişsindir, zihnin o kadar koşullanmıştır ki, gerçekten korkarsın.

Birisi şöyle dedi: "Dün tamamen aşk eyleminde olmak gerektiğini söyledin..." – onun zevkini çıkarmak, onun coşkusunu hissetmek, onun içinde kalmak için, beden sarsılmaya başladığı zaman sarsılmanın kendisi olmak. Ve birisi, "Bize ne öğretiyorsun – iptila mı? Bu sapkınlık!" dedi. Seninle konuşan gerçek olmayan kişiliktir.

Gerçek olmayan kişilik her zaman, herhangi bir şeyden zevk almanın karşısındadır. Her zaman *sana* karşıdır. Zevk almamalısın. Her zaman bir şeyleri feda etmeyi savunur – seni feda etmeyi, kendini başkaları uğruna feda etmeyi. Münasıp görünür, çünkü bununla yetiştirilmişizdir: "Kendini başkaları için feda et – bu özgeciliktir. Keyif almaya çalışırsan, bu bencilliktir." Ve birisi bunun bencillik olduğunu söylediği an, bir günah olur.

Ama sana söylüyorum, Tantra temelde farklı bir yaklaşımdır. Tantra der ki, keyif almadığın sürece, başkasının keyif almasına da yardımcı olamazsın. Kendinden tam anlamıyla memnun olmadığın sürece başkalarına hizmet edemezsin; başkalarının kendilerinden memnun olmalarına yardım edemezsin. Kendi mutluluğun içinden taşmadığı sürece, topluma karşı bir tehlikesin, çünkü kendini feda eden bir insan her zaman sadist olur. Annen sana, "Kendimi sana feda ettim." deyip duruyorsa, işkence ediyordur. Koca karısına, "Feda ediyorum." diyorsa, sadist bir işkencecidir. Fedakârlık bir başkasına işkence etmenin hileli yolundanbaşka bir şey değildir.

Bu yüzden, her zaman fedakârlık yapanlar çok tehlikelidir, potansiyel olarak tehlikelidirler. Onlara karşı dikkatli ol ve fedakârlık yapma. Sözcüğün kendisi bile çirkindir. Keyif al, mutlulukla dol, mutluluk ile taşmaktayken, o mutluluk başkalarına da ulaşacaktır. Ama bu fedakârlık değildir. Kimse sana borçlu kalmaz; kimsenin sana teşekkür etmesine gerek olmaz. Asıl sen başkalarına karşı minnet dolu olursun, çünkü mutluluğunu paylaşmışlardır. 'Fedakârlık', 'görev', 'hizmet' gibi sözcükler çirkindir, çünkü şiddet doludurlar.

Tantra şöyle der: *Sen ışık ile dolu değilsen, nasıl başkalarının aydınlanmasına yardım edebilirsin?* Bencil ol – ancak o zaman özgecil olabilirsin, aksi halde tüm özgecilik kavramı saçmadır. Mutlu ol – ancak o zaman başkalarının mutlu olmasına yardım edebilirsin. Üzüntülüysen, mutsuzsan, acı içindeysen, başkalarına karşı kaba olur ve başkaları için mutsuzluk yaratırsın.

Bir *mahatma** olabilirsin –bu çok zor değildir– ama kendi *mahatma'lasana* bir bak. Onlara gelen herkese her açıdan işkence etmeye çalışıyorlar. Ama onların işkenceleri aldatıcıdır. Sanan "senin hatırını için" işkence ederler; sana "senin iyiliğin için" işkence ederler. Ve kendilerime de işkence ettiklerinden, "Bize vaazettiğiniz şeyi kendiniz uygulamıyorsun." diyemezsin. Kendileri zaten aynı şeyi uyguluyorlardır. Kendilerine işkence ediyorlardır; demek ki sana da işkence edebilirler. Ve işkence senin iyiliğin için olduğunda, en tehlikeli işkence budur – ondan kaçamazsın.

Peki, keyif almanda yanlış olan nedir? Mutlu olmakta yanlış olan nedir? Eğer yanlış bir şey varsa, bu her zaman mutsuzluğundadır, çünkü mutsuz bir kişi çevresinde mutsuzluk dalgaları yaratır. Mutlu ol! Ve cinsel eylem, aşk, mutluluğa ulaşılan en derin yollardan biridir.

Tantra cinsellik öğretmez. Yalnızca cinselliğin bir mutluluk kaynağı olduğunu söyler. Ve o mutluluğu tanıdıktan sonra daha ileri gidebilirsin, çünkü artık ayakların gerçekliğe basmaktadır. İnsan sonsuza dek cinsellikte kalmayacaktır, ama cinselliği bir atlama tahtası olarak kullanabilir. Tantra'nın anlamı budur: Onu bir atlama tahtası olarak kullanabilirsin. Ve cinselliğin yarattığı kendinden geçmeyi tanıdıktan sonra, gizemcilerin neden bahsettiklerini anlayabilirsin – daha büyük bir orgazm, kozmik bir orgazm.

Meera dans ediyor. Onu anlayamazsın; şarkılarını bile anlayamazsın. Onlar cinseldir, simgeciliği cinseldir. Öyle olmak zo-

---

* *Mahatma (Hint):* Büyük ruh... (Ed. n.)

rundadır, çünkü insan yaşamında cinsel eylem ikilik hissetmediğin, derin bir birlik hissettiğin, geçmişin yok olduğu, geleceğin yok olduğu ve yalnızca şu anın kaldığı tek eylemdir – gerçek olan tek andır.

Bu yüzden, ilahi olan ile birliği, varoluşun kendisi ile birliği gerçekten bilen tüm o gizemciler her zaman deneyimlerini tasvir edebilmek için cinsel terimler ve simgeler kullanmışlardır. Başka simge sistemi yoktur; ona yaklaşan başka hiçbir simge sistemi yoktur.

Cinsellik yalnızca başlangıçtır, son değildir. Ama başı kaçırırsan, sonu da kaçırırsın. Ve sona ulaşmak için baştan kaçınamazsın.

Tantra yaşamı doğal haliyle alır; gerçekdışı olma. Cinsellik oradadır – derin bir olasılık, büyük bir potansiyel. Onu kullan! Onunla mutlu olmaknın nesi yanlış? Gerçekten de, tüm ahlak sistemleri mutluluğa karşıdır. Birisi mutlu olduğunda, bir şeyin yanlış olduğunu düşünürsün. Birisi üzüntülü olduğunda, her şey yolundadır. Herkesin üzüntülü olduğu nevrotik bir toplumda yaşıyoruz. Üzüntülü olduğunda herkes mutludur, çünkü herkes duygularını paylaşabilir. Mutlu olduğunda, herkes şaşkına döner – sana nasıl davranacaklarını bilemezler. Birisi duygularını paylaştığı zaman, onun yüzüne bak. Yüzü parlar; yüzüne belirsiz bir parıltı gelir. Duygularını paylaştığı için mutludur. *Sen* mutlu olduğun zaman, başka olasılık yoktur – mutluluğun başkalarında mutsuzluk yaratır, mutsuzluğun mutluluk yaratır. Bu nevrotiktir! Temelin kendisi çıldırmış görünmektedir.

Tantra, kendine karşı dürüst ol, hakiki ol, der. Mutluluğun kötü değildir, iyidir. Günah değildir. Yalnızca üzüntü günahtır, yalnızca perişan olmak günahtır. Mutlu olmak erdemdir, çünkü mutlu bir insan başkaları için mutsuzluk yaratmayacaktır. Yalnızca mutlu bir insan başkalarının mutluluğu için zemin oluşturabilir.

İkinci olarak, Tantra ne ahlaklı ne de ahlaksızdır, dediğim zaman, Tantra'nın aslında bir bilim olduğunu söylemeye çalışıyorum. Sende ne olduğunu görür. Bu, Tantra'nın seni değiştirmeye çalışmadığı anlamına gelmez, seni gerçeklik aracılığı ile değiştirdiği anlamına gelir. Fark, tıpkı büyü ve bilim gibidir – ahlak ile Tantra arasındaki fark aynıdır. Büyü de nesneleri yalnızca sözcükleri kullanarak, gerçekliği bilmeden dönüştürmeye çalışır. Bir büyücü, "Şimdi yağmur duracak." diyebilir. Aslında yağmuru durduramaz. Ya da "Şimdi yağmur yağacak..." der. Yağmur yağdıramaz. Yalnızca sözcükleri kullanıp durur.

Bazen tesadüfler olur ve o zaman büyücü kendini güçlü hisseder. Ve onun büyülü kehanetine göre bir şeyler olmamışsa, her zaman, "Doğru gitmeyen ne?" diyebilir. O olasılık kehanette her zaman gizlidir. Büyü söz konusu olduğunda her şey 'eğer' ile başlar. Şöyle diyebilir, "Herkes iyiyse, erdemliyse, şu gün yağmur yağacak." Eğer yağmur yağarsa, tamam; eğer yağmur yağmazsa, o zaman herkes erdemli değildir. Günahkâr olan birisi vardır.

Bu yüzyılda, yirminci yüzyılda bile, Mahatma Gandhi gibi birisi çıkıp, Bihar'da kıtlık olduğunda, "Bihar'da yaşayan insanların günahları yüzünden kıtlık geldi." diyebilir – sanki tüm dünya günah işlemiyormuş, yalnızca Bihar işliyormuş gibi. Büyü 'eğer' ile başlar ve o 'eğer' büyük, kocamandır.

Bilim asla 'eğer' ile başlamaz, çünkü bilim ilk önce neyin gerçek olduğunu anlamaya çalışır – gerçeklik nedir, gerçek olan nedir? Gerçek olan bilindiği zaman, değiştirilebilir. Elektriğin ne olduğunu anladığın zaman, elektrik değiştirilebilir, başka bir şeye dönüştürülebilir ve kullanılabilir. Bir büyücü elektriğin ne olduğunu bilmez. Elektriği bilmeden dönüştürecektir, dönüştürmeyi düşünecektir! Bu kehanetler yalnızca sahtedir, yanılsamadır.

Ahlak tıpkı büyü gibidir. Mükemmel insandan bahseder durur ama insanın, gerçek insanın ne olduğunu bilmemektedir. Mükemmel insan bir hayal olarak kalır. Yalnızca gerçek insanı kınamak için kullanılır. İnsan asla ona ulaşamaz.

Tantra bilimdir. Tantra, ilk önce gerçekliğin ne olduğunu anla, insanın ne olduğunu anla, der. Ve değerler yaratma, şu anda idealler yaratma; ilk önce neyin *olduğunu* anla. 'Olmalı'yı düşünme, yalnızca 'olan'ı düşün. Ve 'olan' bilinince, o zaman onu değiştirebilirsin. Artık bir sırrın var.

Örneğin Tantra, cinselliğe karşı çıkma, der, çünkü cinselliğe karşı çıkarsan ve bir *brahmacharya (brahmaçarya)*, bir cinsellikten kaçınma, bir arınmışlık durumu yaratma çalışırsan, bu mümkün değildir – yalnızca büyüdür. Cinsel enerjinin ne olduğunu bilmeden, cinselliğin nelerden oluştuğunu bilmeden, onun gerçekliğinin derinliklerine, sırlarına girmeden, bir *brahmacharya* ideali yaratabilirsin, ama sonra ne yapacaksın? Yalnızca bastıracaksın. Ve cinselliği bastıran bir insan onun müptelası olan bir insandan daha cinsellik doludur, çünkü cinselliği yaşarken enerji boşalır, bastırırken devamlı sisteminde dolaşır.

Cinselliği baskılayan bir insan her yerde cinsellik görmeye başlar. Her şey cinsellikle dolar. Her şey cinsellik dolu olduğundan değil, ama o etrafına bunu yansıtır. Artık bunu yansıtır! Kendi gizli enerjisini yansıtır. Nereye bakarsa cinsellik görecektir. Ve kendini kınadığı için, herkesi de kınamaya başlayacaktır. Şiddetle kınamayan tek bir ahlakçı göremezsin; herkesi kınamaktadır – herkes hatalıdır. Bu iyi hissettirir; egosu tatmin olur. Ama neden herkes hatalıdır? Çünkü her yerde, kendisinin baskıladığı şeyi görür. Zihni gittikçe daha çok cinsellikle dolar ve gittikçe daha çok korkar. Bu *brahmacharya* sapkınlıktır, doğal değildir.

Tantra takipçisi farklı tarzda bir *brahmacharya* yaşar. Ama bu süreç kesinlikle, öncekinin tam zıddıdır.

Tantra ilk önce cinsellikte nasıl hareket etmek gerektiğini, onu nasıl tanımak, nasıl hissetmek gerektiğini ve içinde gizli en derin olasılığa, zirveye nasıl gelmek gerektiğini öğretir – esasındaki güzelliği, orada gizli mutluluğu nasıl bulmak gerektiğini.

O sırrı bir kere öğrenince, onu aşabilirsin, çünkü gerçekten derin cinsel orgazmda sana mutluluk veren cinsellik değildir; başka bir şeydir. Cinsellik yalnızca bir durumdur. Sana kendinden geçmişliği veren başka bir şeydir. O başka şey üç unsura bölünebilir. Ama ben o unsurları belirtip tanımladığım zaman, onları anlayabileceğini düşünme. Onlar deneyimin bir parçası olmalı. Kavram olarak faydasızdırlar.

Cinsellikteki üç temel unsur yüzünden, mutluluk dolu bir ana gelirsin. O üç unsur şunlardır: İlk önce, zamansızlık. Zaman kavramını tamamen aşarsın. Zaman yoktur. Zamanı tamamen unutursun; zaman senin için durur. *Zaman* durduğundan değil: Senin için durur; sen onun içinde değilsindir. Geçmiş yoktur, gelecek yoktur. Tüm varoluş *bu* anda, burada ve şimdide yoğunlaşır. *Bu* an gerçek olan tek an olur. Bu anı, cinsellik olmadan da gerçek olan tek an yapabilirsen, cinselliğe gerek yoktur. Meditasyon aracılığı ile gerçekleşir.

İkinci olarak, cinsellikte, ilk defa, egonu kaybedersin, egosuz olursun. Bu yüzden, çok egoist olanlar her zaman cinselliğe karşıdır, çünkü cinsellikte egolarını yitirmeleri gerekir. Sen yoksundur, karşındaki de yoktur. Sen ve sevgilin başka bir şeyin içinde kaybolmuşsundur. Yeni bir gerçeklik evrimleşir, eski iki kişinin kaybolduğu –tamamen kaybolduğu– yerde yeni bir Şey var olur. Ego korkar. Artık yoksundur. Eğer, cinsellik olmadan var olmadığın bir ana gelirsen, o zaman cinselliğe gerek yoktur.

Ve üçüncü olarak, ilk defa, cinsellikte doğalsındır. Gerçek olmayan kaybolur; cephe, yüz kaybolur; toplum, kültür, medeniyet kaybolur. Doğanın bir parçasısındır – tıpkı ağaçlar, hayvanlar, yıldızlar gibi. Doğanın bir parçasısındır! Daha büyük bir şeyin içindesindir – kozmosun, Tao'nun. İçinde süzülmektesindir. İçinde yüzemezsin bile: Sen yoksun. Yalnızca süzülürsün, akıntı tarafından taşınırsın.

Bu üç şey seni kendinden geçirir. Cinsellik bunun doğallıkla olduğu bir durumdur. Bu unsurları anlayıp hissedebildiğin zaman, bu unsurları cinsellik olmadan da yaratabilirsin. Meditasyon, esasında cinsellik deneyimini cinsellik olmadan yaratmaktır. Ama bunu yaşaman gerekir. *Senin* deneyiminin bir parçası olmalıdır – yalnızca kavramlar, idealler, düşünceler değil.

Tantra cinsellik için değildir, Tantra aşmaktır. Ama yalnızca deneyim aracılığı ile aşarsın –varoluşçu deneyim– ideoloji aracılığı ile değil. Yalnızca Tantra aracılığı ile *brahmacharya* oluşur. Bu bir paradoks gibi görünür, ama değildir. Yalnızca bilgi aracılığı ile aşkınlık gerçekleşir. Cahillik sana aşkınlıkta yardımcı olmaz; yalnızca ikiyüzlülüğüne yardımcı olur.

Şimdi soruları alacağım. Birisi şöyle sordu:

> **Meditasyon sürecini engellememesi ve ona yardımcı olması için insan ne kadar sık cinselliği yaşamalıdır?**

Bu soru sorulur, çünkü yanlış anlamaya devam ediyoruz. Senin cinsel eylemin ve Tantrik cinsel eylem temelde farklıdır. Senin cinsel eylemini rahatlamak içindir. Tıpkı hapşırmak gibi – iyi bir hapşırma gibi. Enerji dışarı atılır; yükünden kurtulursun. Bu yıkıcıdır, yaratıcı değildir. İyidir, tedavi edicidir; gevşemene yardımcı olur, ama o kadar.

Tantra cinsel eylemi temelde, bütünüyle bunun zıddıdır ve farklıdır. Rahatlamak için değildir; enerjiyi dışarı atmak için değildir. Boşaltma olmadan –enerjiyi dışarı atmadan– eylemde kalmak içindir, birleşmiş bir şekilde eylem halinde olmak içindir, eylemin başlangıç kısmıdır, son kısmı değil, niteliği değiştirir; o zaman tüm nitelik farklıdır.

İki şeyi anlamaya çalış. İki tür zirve, iki tür orgazm vardır. Bir tür orgazm bilinir: Bir heyecan doruğuna ulaşırsın, sonra daha ileri gidemezsin; son gelmiştir. Heyecan öyle bir noktaya erişir ki, istemdışı olur. Enerji içinde ayağa fırlar ve dışarı çıkar. Ondan kurtulursun, yükünü atarsın; gevşeyip uyuyabilirsin.

Onu bir yatıştırıcı gibi kullanırsın. Doğal bir yatıştırıcıdır. Arkasından iyi bir uyku gelecektir – yani din zihnine sıkıntı vermiyorsa. Aksi halde yatıştırıcı bile yok olur. Din zihnine sıkıntı vermiyorsa, ancak o zaman cinsellik yatıştırıcı olur. Eğer suçluluk duyuyorsan, uykun kaçar. Çöküntü hissedersin, kendini kınamaya başlarsın ve artık bir daha yapmayacağına dair yeminler edersin... Sonra uykun kâbusa döner. Doğal bir varlıksan, din ve ahlak sende fazla sıkıntı yaratmıyorsa, ancak o zaman cinsellik bir yatıştırıcı olarak kullanılabilir.

Bu bir tür orgazmdır – heyecanın doruğuna ulaşmak. Tantra diğer tür orgazm üzerinde odaklanmıştır. Eğer ilkine 'doruk' diyorsak, diğerini vadi olarak isimlendirebiliriz: Heyecanın doruğuna ulaşmak değil, en derin gevşeme vadisine gelmektir. Her ikisi için de başta heyecan kullanmak gerekir; işte bu yüzden başta her ikisi de aynıdır, ama sonra çok farklıdırlar, diyorum.

Her ikisi için de heyecan kullanılmalıdır; ya heyecanın doruğuna gitmektesindir ya da gevşeme vadisine. İlki için, heyecanın yoğun olması gerekir – gittikçe yoğunlaşması. İçinde büyümelisin; doruğa doğru büyümesine yardımcı olmalısın. İkincide, heyecan yalnızca başlangıçta vardır. Ve erkek içeri girdikten sonra, hem o hem de sevgilisi gevşeyebilir. Hiçbir harekete gerek yoktur. Sevgi dolu bir kucaklaşma içinde gevşeyebilirler. Erkek ya da kadın ereksiyonun yok olacağını hissettiği zaman, birazcık hareket ve heyecan gerekir... Sonra yine gevşenir. Bu derin kucaklaşmayı saatlerce sürdürebilirsiniz. Boşalma olmadan. Ve ondan sonra iki kişi, birlikte derin bir uykuya dalabilir. Bu vadi orgazmıdır. Her ikisi de gevşer, iki gevşemiş varlık olarak birleşirler.

Sıradan cinsel orgazmda iki heyecanlı varlık olarak birleşirsiniz – gergin, heyecan dolu, yükünüzden kurtulmaya çalışarak. Sıradan cinsel orgazm çılgınca görünür. Tantra orgazmı derin, gevşetici bir meditasyondur. Ve başka soru yoktur... Ne sıklıkta yapılmalı? Ne kadar isterseniz, çünkü enerji kaybedilmez. Daha çok, enerji kazanılır.

Bunun farkında olmayabilirsiniz, ama bu biyolojinin, bioenerjinin bir gerçeğidir. Erkek ve kadın zıt güçlerdir – negatif/pozitif, yin/yang ya da adına ne diyorsan. Birbirlerine meydan okuyorlar ve ikisi derin bir gevşeme içinde birleştikleri zaman, birbirlerini yeniden canlandırırlar. İkisi de birbirini canlandırır, her ikisi de gençleşir, kendilerini daha canlı hisseder, her ikisi de yeni bir enerji ile parlar. Ve hiçbir şey kaybedilmez! Yalnızca zıt kutup ile birleşerek, enerjilerini yenilerler.

Tantra aşk eylemi istenildiği kadar yapılabilir. Sıradan cinsel eylemi istediğiniz kadar yapamazsın, çünkü enerji yitirirsiniz ve bu enerjiyi yeniden kazanmak için bedeninin beklemesi gerekir. Ve ancak o enerjiyi yeniden kazandığın zaman onu yeniden kaybedebilirsin. Bu saçma görünür: Tüm yaşamın yeniden kazanmak ve kaybetmekle, kazanıp kaybetmekle geçer. Tıpkı bir saplantı gibi.

Hatırlanacak ikinci şey şudur: Gözlemlemiş ya da gözlememiş olabilirsin. Hayvanlara bak; asla bundan zevk aldıklarını görmezsiniz; birleşmeden zevk almazlar. Babunlara, maymunlara, köpeklere ya da herhangi bir hayvana bak – cinsel eylemlerinde kendilerini mutlu hissettiklerini ya da bundan zevk aldıklarını gözlemleyemezsin. Gözlemleyemezsin! Mekanik bir eylem gibidir, doğal bir güç onları buna itmektedir. Birleşen maymunları görmüşsen, birleşmeden sonra ayrıldıklarını bilirsin. Yüzlerine bakın. Kendinden geçmişlik yoktur – sanki hiçbir şey olmamış gibidir. Enerji zorladığı zaman, enerji çok fazla olduğu zaman, onu dışarı atarlar.

Sıradan cinsel eylem tıpkı böyledir ve ahlakçılar bunun tam zıddını söylemektedirler. "Bunu yapma. Bundan zevk alma." derler. "Hayvanlar gibi." derler. Hayır, öyle değildir! Hayvanlar asla zevk almaz —yalnızca insanlar zevk alır. Ve ne kadar yoğun bir zevk alırsan, içinde o kadar yüksek bir insanlık doğar. Ve eğer cinsel eylemin meditasyon içerirse, kendinden geçmişlik içerirse, en yükseğe dokunursun.

Ama Tantra'yı hatırla: Bu bir vadi orgazmıdır. Bir doruk deneyimi değildir, bir vadi deneyimidir.

Batı'da, **Abraham Maslow** bu 'doruk deneyimi' terimine büyük ün kazandırdı. Heyecan içinde doruğa gidersin ve sonra düşersin. İşte bu yüzden her cinsel eylem sonunda bir düşüş, bir depresyon hissedersin. Bir zirveden düşmüşsündür. Tantra cinsel deneyiminden sonra asla böyle hissetmezsin. Düşmezsin! Daha fazla düşemezsin – zaten vadideydin. Daha ziyade, yükselirsin.

Tantra cinsel eyleminden sonra geri döndüğün zaman, yükselirsin, düşmezsin. Enerji dolu, daha canlı, daha parlak hissedersin. Ve o kendinden geçmişlik saatler, hatta günler boyu sürebilir. İçine ne kadar derin daldığına bağlıdır.

Ve daha fazla gidebilir, içinde ilerleyebilirsin, eninde sonunda boşalmanın enerji kaybı olduğunu fark edersin. Gerek yoktur – eğer çocuk istemiyorsan. Ve tüm gün derin bir gevşeme hissedersin. Bir Tantra cinsel deneyiminin ardından kendini günlerce gevşemiş, rahat, şiddetsiz, öfkesiz, çöküntüye uğramamış hissedersin. Ve bu tür insan asla başkaları için bir tehlike olmaz. Yapabilirse, başkalarının mutlu olmasına yardımcı olur. Yapamazsa, en azından kimseyi mutsuz etmez.

Yalnızca Tantra yeni bir insan yaratabilir. Ve zamansızlığı, egosuzluğu, derin, ikiliksiz varoluşu tanıyan insan artık büyüyecektir. Yeni bir boyut açılmıştır. Uzak değildir, cinselliğin bütünüyle yok olacağı o gün çok uzak değildir. Cinsellik yok olduğu zaman, bir gün aniden cinselliğin tamamen yok olduğunu, hiç şehvet kalmadığını, *brahmacharya*nın doğduğunu fark edeceksin. Ama bu güçtür – güç görünür, çünkü çok fazla sahte öğreti vardır. Ve zihninin koşullanması yüzünden korkarsın.

İki şeyden çok korkarız – cinsellik ve ölüm. Ama ikisi de temeldir ve *gerçek* bir din arayan her ikisini de tanır. Ne olduğunu bilmek için cinselliği yaşar, çünkü cinselliği bilmek yaşamı bilmektir. Ve ölümün de ne olduğunu bilmek ister, çünkü ölüm bilinmeden ebedi yaşamın ne olduğu da bilinemez. Cinselliğin tam merkezine girebilirsem, yaşamın ne olduğunu bilirim. Ve isteyerek ölüme, tam merkezine girebilirsem, ölümün merkezine dokunduğum an ebedi olurum. Artık ölümsüzümdür, çünkü ölüm yalnızca sınırda olan bir şeydir.

Cinsellik ve ölüm gerçek arayıcı için temeldir, ama sıradan insanlık için ikisi de tabudur – onlar hakkında konuşmazsın. Ve ikisi de temeldir ve ikisi de derin bir şekilde ilişkilidir. O kadar derinden ilişkilidirler ki, cinselliğe girerek belirli bir ölüme de girersin, çünkü ölmektesindir. Ego yok olmaktadır, zaman yok olmaktadır, bireyselliğin yok olmaktadır – ölmektesindir! Cinsellik aynı zamanda belirsiz bir ölümdür. Ve cinselliğin belirsiz bir ölüm olduğunu bilirsen, ölüm büyük bir cinsel orgazm olabilir.

Ölüme giden bir Sokrates korkmaz. Daha çok, ölümün ne olduğunu öğrenmeye çok heveslidir, heyecanlıdır. Yüreğinde sıcak bir hoş geldin vardır. Neden? Çünkü cinselliğin küçük ölümünü biliyorsan, onu takip eden mutluluğu tanıyorsan, daha büyük ölümü de tanımak istersin – arkada daha büyük bir mutluluk gizlidir. Ama bizim için ikisi de tabudur. Tantra için, ikisi de temel arama boyutudur. İnsan onları yaşamalıdır.

Birisi şöyle sordu:

> İnsan meditasyonu omurganın içinde yükselen kundalini gibi yaşıyorsa, orgazm olmak insanın meditasyon enerjisini azaltmaz mı?

Tüm sorular temelde, Tantra cinsel eyleminin ne olduğu anlaşılmadan sorulur, normalde öyledir. Eğer enerjin yükselirse, kundalinin, yükseltirse ve başına doğru ilerlerse, sıradan bir orgazm yaşamazsın. Ve yaşamaya çalışırsan, içinde derin bir çelişki yaşarsın, çünkü enerji yukarı yükselmekte, ama sen onu aşağı inmeye zorlamaktasındır. Ama Tantra orgazmı bir güçlük değildir; yardımcı olacaktır.

Yukarı yükselen enerji Tantra orgazmı ile çelişkili değildir. Gevşeyebilirsin ve sevgilinle birlikte yaşadığın o gevşeme enerjinin daha da yükselmesine yardımcı olur. Sıradan cinsel eylemde bu bir zorluktur. İşte bu yüzden Tantrik olmayan tüm o teknikler cinselliğe karşıdır, çünkü vadi orgazmının mümkün olduğunu bilmezler. Yalnızca bir tür –sıradan orgazm– tanırlar ve bu onlar için bir sorundur. Yoga için sorundur, çünkü Yoga cinsel enerjini yukarı çıkmaya zorlar. Buna kundalini denir – cinsel enerjinin yukarı çıkmasına.

Cinsel eylemde enerji aşağı iner. Yoga şöyle der: Cinsellikten kaçın, çünkü her ikisini birden yaparsan sisteminde kaos yaratırsın. Bir tarafta enerjini yukarı çıkmaya zorlarsın ve diğer tarafta enerjinini dışarı, aşağı fırlatırsın, kaos yaratırsın. İşte bu yüzden Yoga teknikleri cinselliğe karşıdır.

Ama Tantra cinselliğe karşı değildir, çünkü Tantra'nın farklı bir tür orgazmı vardır, vadi orgazmıdır bu ve bu sana yardımcı olabilir. Kaos yoktur, çelişki doğmaz. Daha çok, yardımcı olur. Kaçıyorsan –erkeksen ve kadınlardan kaçıyorsan ya da kadınsan ve erkeklerden kaçıyorsan– ne yaparsan yap, diğeri aklından çıkmaz ve seni aşağı çekip durur. Bu çelişkilidir, ama gerçek budur.

Sevgilin ile derin bir kucaklaşma halindeyken, diğerini unutabilirsin. Ancak o zaman diğerini unutabilirsin. Bir erkek kadının varlığını unutur, bir kadın erkeğin varlığını unutur. Yalnızca yoğun bir kucaklaşma içinde, diğeri artık yoktur. Diğeri artık olmadığında, enerjin daha serbestçe akabilir; aksi halde diğeri onu aşağı çeker durur.

Bu yüzden Yoga ve sıradan teknikler diğerinden, diğer cinsten kaçar. Kaçmak zorundadırlar, tetikte olmak, devamlı çabalamak, kontrol etmek zorundadırlar. Ama eğer karşı cinse karşıysan, o 'karşılık' daimi bir gerilim yaratır ve seni aşağı çekmeye devam eder.

Tantra, gerilime gerek olmadığını söyler. Karşındakine karşı gevşek ol. O gevşek anda, diğeri yok olur ve enerjin yukarı akabilir. Ama ancak sen vadideysen yukarı akar. Doruktayken aşağı akar.

Bir soru daha:

> Dün gece cinsel eylemin yavaş, telaşsız olması gerektiğini söyledin, ama aynı zamanda insanın cinsel eylem üzerinde kontrolü olmaması gerektiğini, insanın bütün olması gerektiğini de söyledin. Bu benim kafamı karıştırdı.

Bu kontrol değildir. Kontrol tamamen farklı bir şeydir ve gevşeme farklıdır. Sen onun içinde *gevşersin,* onu kontrol etmezsin. Eğer onu kontrol edersen, gevşeme olmaz. Eğer onu kontrol edersen, eninde sonunda bitirmek için acele edersen, çünkü kontrol gerilim yaratır. Ve her gerilim gerginlik yaratır ve gerginlik salıvermek için bir gereklilik, bir ihtiyaç yaratır. Bu bir kontrol değildir! Bir şeye direnmiyorsun! Yalnızca telaşlı değilsin, çünkü cinsellik bir yere ilerlemek için değildir. Sen bir yere gitmiyorsun. Yalnızca bir oyun bu; bir hedef yok. Ulaşılacak hiçbir şey yok, neden acele edesin?

Ama insan her zaman, her eyleminde, tamamen mevcuttur. Eğer her şeyde acele edersen, cinsel eyleminde de acele edersin – çünkü *sen* orada olacaksın. Zamanın çok bilincinde olan bir insan cinsel eylemde de acele edecektir, sanki zamanını boşa harcarmış gibi. İşte bu yüzden hazır kahve ve hazır cinsellik istiyoruz. Kahve söz konusu olduğunda bu iyi, ama cinsellik söz konusu olduğunda, yalnızca saçmalık. Hazır seks diye bir şey olamaz. Bu bir iş değil, bu acele edebileceğin bir şey değil. Acele edersen onu mahvedersin; asıl noktayı kaçırırsın. Onun zevkini çıkar, çünkü onun aracılığı ile bir zamansızlık hissedilecektir. Acele edersen, o zaman zamansızlık hissedilemez.

Tantra, telaş etmeden gidin, yavaş yavaş zevkini çıkarın, tıpkı sabahleyin yürüyüşe çıkar gibi, ofise gider gibi değil, dediğinde, o farklı bir şeydir. Ofise giderken bir yere yetişmek için acele edersin, sabahleyin yürüyüşe çıktığında ise acele etmezsin, çünkü hiçbir yere gitmiyorsundur. Yalnızca gidiyorsundur. Telaş yok, hedef yok. Herhangi bir noktadan dönebilirsin.

Bu telaşsızlık vadiyi yaratmanın temelidir; aksi halde doruk yaratılır. Ve bu söylendiği zaman, kontrol etmen gerektiği anlamına gelmez. Heyecanını kontrol etmeyeceksin, çünkü bu çelişkilidir. Heyecanı kontrol edemezsin. Kontrol edersen, çifte heyecan yaratırsın.

Gevşe, bunu bir oyun olarak kabul et – bir son yaratma. Başlangıç yeterlidir!

Eylemde, gözlerini kapat, karşındakinin bedenini hisset, onun enerjisinin sana akmasını hisset, ona katıl, onun içinde eri. Gelecektir! Eski alışkanlık birkaç gün oyalanabilir... Ama gidecektir. Onu gitmeye zorlama. Yalnızca gevşe, gevşe, gevşe. Ve boşalma olmazsa, bir şeyin yolunda gitmediğini düşünme, çünkü erkekler bir şeylerin yolunda gitmediğini hisseder. Boşalma olmazsa, bir şeylerin yolunda gitmediğini hisseder. Hiçbir şey yolunda gitmemiş değildir! Ve bir şeyi kaçırdığını da düşünme. Hiçbir şeyi kaçırmış değilsin.

Başlangıçta bir şeyi kaçırmış gibi hissedersin, çünkü heyecan ve doruk orada değildir. Ve vadi gelmeden önce bir şeyi kaçırdığını hissedeceksin, ama bu eski bir alışkanlıktan başka bir şey değildir. Bir döneme kadar, bir aya, üç haftaya kadar vadi belirmeye başlayacaktır. Ve vadi belirdiği zaman, doruklarını unutacaksın. O zaman hiçbir doruk buna değer görünmeyecek. Ama beklemek zorundasın. Ve zorlamayıp kontrol etme. Yalnızca gevşe.

Gevşeme bir sorundur – çünkü gevşe dediğimiz zaman, zihnimizde bu, sanki çaba gösterilecek gibi tercüme edilir. Dilimiz bu görüntüyü verir. Bir kitap okuyordum; kitabın adı şuydu: "Gevşemelisin!" İşte o zorunluluk eki, gevşemene izin vermeyecek, çünkü o zaman gevşemek bir hedef olacak –"Gevşemelisin!" – ve bunu beceremezsen hayal kırıklığına uğrayacaksın. Tam da o 'meli' eki sana çok çaba göstermen gerektiği, zorlu bir yolculuk hissi verir. Zorunluluk terimleri ile düşünürken gevşeyemezsin.

Dil bir sorundur. Belirli konularda, dil her zaman yanlış ifade eder. Örneğin gevşeme: Ben, "Gevşe!" dediğim zaman, bu bir çaba olur ve sen "Nasıl gevşemeliyim?" diye sorarsın. "Nasıl?" diye sorarken asıl noktayı kaçırırsın. "Nasıl?" diye soramazsın. Bir teknik sormuş olursun: Teknik çaba yaratır, çaba gerginlik yaratır. Bu yüzden bana nasıl gevşemen gerektiğini sorarsan, ben şöyle derim: Hiçbir şey yapma. Yalnızca gevşe! Yalnızca uzan ve bekle. Hiçbir şey yapma! Yaptığın her şey bir engel olacaktır; bir engel yaratacaktır.

Birden yüze, sonra yüzden bire kadar sayarsan, sabaha kadar uyanık kalırsın. Ve eğer bazen sayarken uyuyakalmışsan, bunun sebebi saymak değildir – çünkü sayıp dururken sıkılmışsındır, sıkıldığın için uyumuşsundur. Saymak yüzünden değil, can sıkıntısı yüzünde. Sonra saymayı unutmuşsundur ve uykun gelmiştir. Ama uyku ancak, gevşeme ancak hiçbir şey yapmazken gelir. Sorun budur.

Ben 'cinsel eylem' dediğim zaman, bu bir çaba gibi görünür. Değildir! Sevgilinle ya da âşığınla oynamaya başlayın. Yalnızca oynamaya devam edin, birbirinizi hissedin, birbirinize karşı duyarlı olun. Tıpkı oyun oynayan çocuklar, köpekler ya da hayvanlar gibi. Oynamaya devam edin ve cinsel eylemi hiç düşünme. Olabilir de, olmayabilir de.

Oynama aracılığı ile olursa, seni vadiye daha büyük bir kolaylıkla götürür. Eğer onu düşünürsen, o zaman çoktan kendini geçmişsindir: Sevgilinle oynamaktasındır, ama cinsel eylemi düşünmektesindir. O zaman oyun sahtedir. Sen orada değilsindir, zihnin gelecektedir. Ve bu zihin her zaman gelecekte ilerleyecektir.

Cinsel eylem içindeyken zihin onu nasıl bitireceğini düşünmektedir. Her zaman senden ileridedir. Buna izin verme! Yalnızca oyna ve cinsel eylemi unut. Olacaktır. Olmasına izin ver. O zaman gevşemek kolay olur. Ve olduğu zaman... Yalnızca gevşeyin. Birlikte olun. Birbirinizin varlığını hissedin ve mutlu hissedin.

Olumsuz olarak, bir şey yapılabilir. Örneğin, heyecanlandığın zaman nefesin hızlanır, çünkü heyecan hızlı nefes almaya zorlar. Gevşemek için, derin nefes almak –hızlı değil, yavaş, rahat bir şekilde nefes almak iyidir, yardımcı olur. O zaman cinsel eylem uzatılabilir.

Konuşmayın, hiçbir şey söylemeyin, çünkü bu rahatsızlık yaratır. Zihninizi kullanmayın, bedenlerinizi kullanın. Yalnızca neler olduğunu hissetmek için zihninizi kullanın. Akan sıcaklık, akan aşk, birleşmedeki enerji, onu hissedin! Onun farkında olun. Ve bu da bir gerilim haline getirilmemelidir – çaba harcamaksızın süzülün. Ancak o zaman vadi belirecektir. Ve vadi belirdiği zaman, aşıyorsun demektir.

Vadiyi, gevşemiş orgazmı hissedip fark ettiğiniz zaman, zaten bir aşkınlık vardır. Cinsellik orada değildir. Artık bir meditasyona, bir samadi'ye* dönüşmüştür.

---

* Doğu dinleri ve mistisizminde farklı anlamlarda kullanılan Sanskrit kökenli terim. Zen meditasyonunda ve Budizm'de zihinsel konsantrasyon, yogi meditasyonunda yoganın en yüksek aşaması olan 'yüksek şuur hali' anlamında kullanılır. (Ed. n.)

Tantra - Teslim Olmanın Yolu

"Aşk meditasyona geçmene yardımcı olamazsa, başka hiçbir şey yardımcı olamaz."

İlk soru:

Osho, lütfen "Vigyan Bhairava Tantra"da şimdiye kadar tartıştığımız tekniklerin Tantra'nın asıl ve esas konusuna değil de, Yoga bilimine mi ait olduğunu açıkla. Ve Tantra'nın esas konusu nedir onu söyle?

Bu, pek çok kişinin kafasına takılır. Tartıştığımız teknikler Yoga'da da kullanılır – aynı tekniklerdir, ama aralarında bir fark vardır. Aynı tekniği, arkasında çok farklı bir felsefe ile kullanabilirsin. Ana yapısı, arka planı farklıdır, ama teknik aynıdır. Yoga'nın yaşama karşı farklı bir yaklaşımı vardır, Tantra'nın tam zıddıdır.

Yoga mücadeleye inanır; Yoga temelde iradenin yoludur. Tantra mücadeleye inanmaz; Tantra iradenin yolu değildir. Tam tersine, Tantra mutlak teslim olmanın yoludur. İradene ihtiyacın yoktur. Tantra için iraden sorundur, tüm acının kaynağıdır. Yoga için, teslim olman, 'iradesizliğin' sorundur. İraden zayıf olduğundan ıstırap içindesindir, acı çekersin – Yoga için. Tantra'da, iraden olduğu için egon vardır, bireyselliğin vardır, acı çekmenin sebebi budur. Yoga, iradeni mutlak mükemmelliğe getir, o zaman kurtulacaksın, der. Tantra iradeni tamamen yok et, onu tamamen boşalt, seni özgürlüğe kavuşturacak olan budur, der. Her ikisi de doğrudur... Bu zorluk yaratır. Benim için, her ikisi de doğrudur.

Yoga'nın yolu çok zor bir yoldur. İmkânsızdır, egonun mükemmelliğine erişmen neredeyse imkânsızdır. Bu, tüm evrenin merkezi olman gerekir, demektir. Yol çok uzun ve çetindir. Ve aslında asla sona ulaşmaz. Peki, Yoga'nın takipçilerine ne olur? Bazı yaşamlarda, yolun bir yerinde, Tantra'ya dönerler. Bu olur.

Bu entellektüel olarak anlaşılabilir bir durumdur; varoluşsal olarak imkânsızdır. Mümkün olsa. Yoga yoluyla da ulaşırsın. Ama genellikle bu asla olmaz. Ya da olsa bile, nadiren olur. Bir Mahavira... Bazen yüzyıllar geçer ve sonra Mahavira gibi bir adam Yoga yoluyla erer. Ama bu nadirdir, istisnadır ve kuralı kanıtlar.

Ama Yoga Tantra'dan daha caziptir. Tantra kolaydır, doğaldır ve Tantra aracılığı ile kolayca, doğallıkla, çaba harcamaksızın erersin. Ve bunun yüzünden, Tantra asla sana fazla cazip gelmez. Neden? Sana cazip gelen her şey, egonu da cazip gelir. Hissettiğin her ne ise egonu tatmin etmek sana daha cazip gelecektir. Egon seni elinde tutmaktadır. Yoga çok daha caziptir.

Gerçekten de, sen ne kadar egoist isen, Yoga sana o kadar cazip gelecektir, çünkü Yoga saf ego çabasıdır. Ne kadar imkânsızsa, egoya o kadar cazip gelir. Everest'in bu kadar cazip gelmesinin sebebi budur; Himalaya'nın zirvesine ulaşmak, o kadar güçtür ki! Ve Hillary ve Tensing Everest'e ulaştıklarında, bir an büyük bir kendinden geçmişlik hissettiler. O neydi? Tatmin olan ego. Onlar ilktiler.

Ay'a ilk ayak basan insanın, *kendini* nasıl hissettiğini tahmin edebiliyor musun? Tarihteki ilkti. Ve artık kimse onun yerine geçemez; tüm tarih boyunca o ilk olacaktır. Onun statüsünü değiştirmenin yolu yoktur. Ego yoğun bir şekilde tatmin edilmiştir. Artık bir rakip yoktur ve olamaz da. Pek çok kişi Ay'a inecektir, ama hiçbiri ilk olmayacaktır.

Pek çok kişi Ay'a inebilir ve pek çok kişi Everest'e gidebilir. Yoga sana yüksek bir zirve ve daha da ulaşılmaz bir hedef verir: Egonun mükemmelleştirilmesi –saf, mükemmel, mutlak ego.

Yoga Nietzsche'ye çok cazip gelmiş olmalıdır, çünkü o, yaşamın ardında işleyen enerjinin iradenin enerjisi olduğunu söylemiştir – güç iradesi*. Yoga sana, onun aracılığı ile daha güçlü olduğun hissini verir. Kendini daha çok kontrol edebildikçe, içgüdülerini daha çok kontrol edebildikçe, bedenini daha çok kontrol edebildikçe, zihnini daha çok kontrol edebildikçe... güçlü hissedersin. İçinde *efendi* olursun (İçinin efendisi olursun). Ama bu çelişki yoluyla olur; bu çabalama ve şiddet yoluyla olur.

Ve hemen hemen her zaman, pek çok yaşam boyunca Yoga uygulayan bir kişi öyle bir noktaya gelir ki, tüm yolculuk sıkıcı, kasvetli, boşuna görünür, çünkü ego ne kadar tatmin edilirse, o kadar faydasızmış gibi gelir. Ve o zaman Yoga yolunun takipçisi Tantra'ya döner.

Ama Yoga caziptir, çünkü herkes egoisttir. Tantra asla başta cazip gelmez. Tantra yalnızca daha usta olanlara cazip gelir, kendileri üzerinde çalışmış olanlara, Yoga aracılığı ile pek çok yaşam boyunca çabalamış olanlara. Tantra onlara cazip gelir, çünkü anlayabilirler, normalde, Tantra'yı cazip bulmazsın. Ya da bulsan da, yanlış sebeplerden dolayı cazip bulursun. Bu yüzden, onları da anlamaya çalış.

Tantra'yı başta cazip bulmazsın, çünkü senden teslim olmanı ister, mücadele etmeni değil. Senden süzülmeni ister, yüzmeni değil. Senden akıntı yönünde ilerlemeni ister, akıntının tersi yönde, yukarı doğru değil. Sana doğanın iyi olduğunu söyler. Doğaya güvenmelisin – onunla mücadele etme. Cinsellik bile iyidir. Ona güvenmelisin, onu takip etmelisin, onun içine akmalısın – mücadele etme. Tantra'nın esas öğretisi mücadele etmemektir. Ak, salıver kendini!

* Bu tabir, dilmizde zaman zaman 'güç istenci' ve 'gücü isteme' olarak da geçer. (Ed. n.)

Bu cazip olamaz. Bunun aracılığı ile egonu tatmin edemezsin. İlk adımda, senden egonu yok etmeni ister. En başta, senden onu yok etmeni ister.

Yoga da senden isteyecektir, ama sonda. Başta senden onu arındırmanı isteyecektir. Ve tamamen arındırıldığı zaman, yok olur; kalamaz. Ama Yoga'da bu sondur, Tantra'da ise ilktir...

Bu yüzden Tantra genelde cazip gelmez. Ve gelse de, yanlış sebeplerden dolayı cazip gelir. Örneğin, kendini cinselliğe vermek istiyorsan, bunu Tantra aracılığı ile mantıklı bir biçimde açıklayabilirsin. Cazibe bu olabilir. Kendini şaraba, kadınlara ve başka şeylere vermek istiyorsan, Tantra'nın seni cezp ettiğini hissedebilirsin. Ama aslında sen Tantra'yı cazip bulmuyorsun – Tantra bir cephedir, bir hiledir. Tantra'nın izin verdiğini düşündüğün başka bir şeyi cazip buluyorsundur. Bu yüzden Tantra her zaman yanlış sebeplerden dolayı cazip gelir.

Tantra senin iptilalarına yardımcı olmak için değil, onları dönüştürmek için vardır. Bu yüzden, kendini aldatma! Tantra aracılığı ile kendini kolayca aldatabilirsin. Ve bu aldatma olasılığı yüzünden de, Mahavira Tantra'yı önermezdi. Bu olasılık her zaman vardır. Ve insan o kadar aldatıcıdır ki, amaçladığı bir şey için başka bir şeyi gösterebilir. Mantıklı bir şekilde açıklayabilir.

Örneğin Çin'de, eski Çin'de, Tantra'ya benzer bir şey, gizli bir bilim vardı. Tao olarak bilinir bu. Tao'da, Tantra'ya benzer eğilimler vardır. Örneğin Tao der ki, cinsellikten kurtulmak istiyorsan, bir kişiye –bir kadına, bir erkeğe– bağlı kalmaman iyidir. Özgürleşmek istiyorsan bir kişiye bağlı olmamalısın. Bu yüzden, Tao eş değiştirmenin iyi olduğunu söyler.

Bu kesinlikle doğrudur – ama sen bunu mantıklı olarak açıklayabilirsin, kendini aldatabilirsin. Yalnızca bir seks manyağı olabilirsiniz ve şöyle düşünürsün: "Tantra'yı uyguluyorum, bu yüzden tek bir kadına bağlı kalamam, değiştirmeliyim." Ve Çin'de pek çok imparator bunu uygulamıştır. Sırf bunun için büyük haremleri olmuştur.

Ama Tao anlamlıdır – insan psikolojisinin derinliklerine bakarsan Tao'nun anlamlı olduğunu görürsün. Yalnızca tek bir kadın tanırsan, eninde sonunda o kadının cazibesi solacaktır, ama kadınların cazibesi kalacaktır. Karşı cins seni cezp edecektir, ama bu kadın, karın, karşı cinsten olmayacaktır aslında. O seni cezp etmeyecektir, senin için bir mıknatıs olmayacaktır. Ona alışmış olacaksın.

Tao der ki, eğer bir erkek kadınların içinde, pek çok kadının içinde yaşıyorsa, yalnızca bir tanesinin ötesinde olmayacaktır – karşı cinsin ötesine gidecektir. Pek çok kadını tanıması onun aşmasına yardım edecektir. Ve bu doğrudur, ama tehlikelidir, çünkü sen bundan doğru olduğu için değil, sana geçerli bir neden sağladığı için hoşlanacaksın. Tantra'da sorun budur.

Bu yüzden Çin'de bu bilgi de bastırıldı; bastırılmak zorundaydı. Hindistan'da da Tantra bastırıldı, çünkü pek çok tehlikeli şey söylüyordu – bunların tehlikeli olmasının tek sebebi senin aldatıcı olmandır. Aksi halde bunlar harikadır. İnsan zihninin başına Tantra'dan daha harika ve gizemli bir şey gelmemiştir; hiçbir bilgi bu kadar derin değildir.

Ama bilgi her zaman tehlikelerbarındırır. Örneğin, artık bilim bir tehlike haline gelmiştir, çünkü sana çok gizemli sırlar vermiştir. Artık atom enerjisi yaratmayı biliyorsun. **Einstein'**in, eğer bir yaşamı daha olsaydı, bilim adamı olmak yerine bir tesisatçı olmayı tercih edeceğini, çünkü geriye dönüp baktığında tüm yaşamının boşuna olduğunu gördüğünü söylediği söylenir. Hayatta yalnızca boşuna yaşamak, insanlığa karşı çok tehlikeli de oldu. Ve en gizemli sırlardan birini paylaştı insanlıkla, ama bunu kendi kendini aldatan insanla paylaştı.

Bilimsel bilgiyi bastıracağımız gün gelecek mi, merak ediyorum. Bilim adamları arasında söylentiler var, daha fazlasını açıklayıp açıklamamak konusunda gizli düşünceler var – araştırmalarımızı durdurmalı mıyız, yoksa daha ileri gitmeli miyiz? – çünkü artık tehlikeli zemindeyiz.

Her bilgi tehlikelidir; yalnızca cehalet tehlikeli değildir. Onunla fazla bir şey yapamazsın. Hurafeler her zaman iyidir – asla tehlikeli değildir. Hastalığı benzeri ile tedavi edebilirsin. Verin ilacı... Sana zararı dokunmayacaktır, bu kesindir. Sana yardım edip etmeyeceği senin kendi yanılsamalarına bağlıdır. Bir şey bellidir: Sana zarar vermeyecektir. Hastalığı benzeri ile tadevi etmek zararlı değildir; derin bir hurafedir. Yalnızca yardımı dokunabilir. Eğer bir şeyin yalnızca faydası dokunuyorsa, o zaman hurafedir. Eğer hem faydası, hem zararı olabilirse, o zaman bilgidir.

Gerçek bir şey her ikisini de yapabilir – faydası da dokunabilir, zararı da. Yalnızca gerçek olmayan bir şeyin sadece faydası olur. Ama o zaman bu fayda o şeyden kaynaklanmaz asla. Her zaman kendi zihninde yarattığın bir şeydir. Bundan ötürü gerçek olmayan, hayali şeyler bir açıdan iyidir – sana asla zararları dokunmaz.

Tantra bilimdir ve atom bilgisinden daha derindir, –çünkü atom bilimi maddeyle ilgilidir, oysa Tantra *seninle* ilgilenir. Ve sen her zaman atom enerjisinden daha tehlikelisindir. Tantra biyolojik atom ile ilgilenir, seninle –yaşayan hücre, yaşam bilincinin kendisi ve bunun nasıl işlediği, içsel mekanizmasıyla...

İşte bu yüzden Tantra cinsellikle bu kadar ilgilenir. Yaşam ve bilinçle ilgilenen bir insan otomatik olarak cinsellikle de ilgilenecektir, çünkü cinsellik yaşamın, aşkın, bilinç dünyasında olup biten her şeyin kaynağıdır. Bu yüzden bir *arayıcı* (kâşif) cinsellikle *ilgilenmiyorsa*, o bir arayıcı değildir. Bir filozof olabilir, ama bir arayıcı değildir. Ve felsefe az ya da çok saçmadır – faydasız şeyleri düşünmektir.

Şöyle duymuştum: Molla Nasruddin (Nasreddin Hoca) bir kızla ilgileniyormuş, ama kızlar konusunda şansı pek yokmuş. Kimse ondan hoşlanmıyormuş. Ve bir kızla ilk kez tanışacakmış, bu yüzden bir arkadaşına gitmiş ve ona şöyle demiş: "Sırrın nedir? Kadınlarla aran harika. Onları hipnotize ediyorsun. Oysa ben devamlı başarısız oluyorum, bana bir ipucu ver. Bu kızla ilk kez çıkacağım, bana bazı sırlar ver."

Arkadaşı şöyle demiş, "Üç şeyi unutma: Her zaman yiyecek, aile ve felsefeden bahset."

"Neden yiyecek?" diye sormuş Molla.

Arkadaşı şöyle demiş, "Ben yiyecekten bahsederim, çünkü o zaman kız kendini iyi hisseder, çünkü her kadın yiyeceğe ilgi duyar. O çocuk için yiyecektir, tüm insanlık için yiyecektir, bu yüzden temelde yiyecek ile ilgilenir."

Molla şöyle der, "Tamam. Ya aile?"
Adam şöyle der, "Onun ailesi hakkında konuş ki niyetin namuslu görünsün."
Sonra Molla sorar: "Peki, ya felsefe?"
Adam şöyle der: "Felsefe hakkında konuş. Bu, kadınların kendilerini zeki hissetmesini sağlar."
Molla koşarak uzaklaşır. Kızı gördüğü an sorar, "Merhaba, erişteden hoşlanır mısın?"
Kız şaşırarak yanıt verir: "Hayır!"
Ve Molla ikinci sorusunu sorar, "Erkek kardeşin var mı?"
Kız daha da şaşırır... "Bu ne biçim randevu!" Yanıt verir: "Hayır!"
Bir an Molla ne diyeceğini bilemez. "Felsefe konusunu nasıl açsam?" diye düşünür. Sonunda karar verir ve sorar: "Şimdi, bir erkek kardeşin olsa idi, erişteden hoşlanır mıydı?"

> Felsefe budur. Felsefe az ya da çok saçmadır. Tantra felsefeyle ilgilenmez; Tantra esas, varoluşsal yaşamla ilgilenir. Bu yüzden Tantra asla bir Tanrı olup olmadığını ya da *mokşa* olup olmadığını ya da cennet ve cehennem olup olmadığını sormaz. Hayır. Tantra yaşam hakkında temel sorular sorar. Cinsellik ve aşk ile bu kadar ilgili olmasının sebebi budur – bunlar *temeldir*. Sen onları yaşarsın; onların bir parçasısın zira...
> Sen bir cinsel enerji oyunusun, başka bir şey değil. Ve *bu* enerjiyi anlayıp onu aşmazsan, asla daha fazlası olmayacaksın. Sen, şu anda, cinsel enerjiden başka bir şey değilsin. Daha fazlası olabilirsin, ama bunu anlamazsan ve onu aşmazsan, asla daha fazlası olmayacaksın. Olasılık yalnızca bir tohumdur.
> Tantra'nın cinsellikle, aşkla, doğal yaşamla ilgilenmesinin sebebi budur. Ama bilmenin yolu çelişki değildir. Tantra, bir savaşma ruh halinde isen asla anlayamayacağını söyler – o zaman alıcı değilsindir. O zaman, savaştığın için sırlar gizli kalacaktır. Onları almak için açık değilsindir.
> Ve savaşırken her zaman dışarıda olursun. Eğer cinsellikle savaşıyorsan, *sen* her zaman dışarıdasındır. Eğer cinselliğe teslim olursan, onun içindeki öze ulaşırsın, sen içeridesin demektir. Ve eğer teslim olursan, pek çok şeyi anlarsın.

Cinselliğin içinde oldun, ama her zaman arkanda bir savaşma tavrı vardı. İşte bu yüzden pek çok sırrı öğrenmedin. Örneğin, cinselliğin yaşam veren güçlerini öğrenmedin. Öğrenmedin, çünkü bilemezsin. Bu içeride olan birini gerektirir.

Eğer gerçekten cinsel enerji ile süzülüyorsan, tamamen teslim olmuşsan, eninde sonunda cinselliğin yalnızca yeni bir yaşama yol açmadığını anladığın noktaya ulaşırsın: Cinsellik sana *daha fazla* yaşam verebilir. Âşıklar için cinsellik yaşam veren bir güç olabilir, ama bunun için teslim olman gerekir. Ve bir kez teslim olunca, pek çok boyut değişecektir.

Örneğin, Tantra bilir ki, Tao bilir ki, eğer cinsel eylem esnasında boşalırsan o zaman cinsellik senin için yaşam sağlayan bir şey olmaz. Boşalmanın gereği yoktur; boşalma tamamen unutulabilir. Tantra ve Tao boşalmanın savaşma yüzünden olduğunu söyler; aksi halde gereği yoktur.

Âşık ve sevgili derin bir cinsel kucaklaşma içinde olabilir, boşalmak için telaş etmeden, ilişkiyi bitirmek için acele etmeden birbirlerinin içinde gevşeyebilirler. Ve bu gevşeme tam olduğu zaman, ikisi de daha fazla yaşam hissedecektir. İkisi birbirini zenginleştirecektir.

Tao der ki, cinsellik konusunda acele etmeyen, yalnızca derin bir şekilde gevşeyen bir adam bin yıl yaşayabilir. Eğer bir kadın ve bir adam birbirlerinde derin bir gevşeme içinde iseler, yalnızca birbirleriyle birleşiyorlarsa, birbirlerine dalmışlarsa, telaş içinde değilseler, gerilim içinde değilseler, pek çok şey olur, simyasal şeyler olur, çünkü ikisinin yaşam sıvıları birleşir, ikisinin elektriği, bioenerjisi birleşir. Ve yalnızca bu birleşme ile (birbirlerinin 'zıddı' olduklarından – birisi negatif, diğeri pozizitif: Zıt kutuplardırlar), sırf birbirleriyle yoğun bir şekilde birleştiklerinden, birbirlerini güçlendirirler, birbirlerini canlandırırlar, canlı kılarlar.

Uzun yaşayabilirler ve yaşlanmadan yaşayabilirler. Ama bu ancak savaşan bir ruh hali içinde değilsen anlayabilirsin. Ve bu paradoks içerir gibi görünmektedir. Cinsellikle savaşanlar daha çabuk boşalır, çünkü gergin zihin gerilimden kurtulmak için acele eder.

Yeni araştırmalar pek çok şaşırtıcı şey, pek çok şaşırtıcı gerçek söyler. Yoğun birleşme sırasında neler olduğu konusunda ilk kez **Masters** ve **Johnson** bilimsel olarak çalışmıştır. Erkeklerin yüzde yetmiş beşinin erken boşaldığını fark etmişlerdir – erkeklerin yüzde yetmiş beşi! Derin bir birleşme olmadan boşalmışlardır ve eylem bitmiştir. Ve kadınların yüzde doksanı hiç orgazm yaşamaz; asla doruğa ulaşmazlar, derin, tatmin edici bir doruğa – kadınların yüzde doksanı!

Kadınların bu kadar öfkeli, bu kadar sinirli olmalarının sebebi budur ve böyle de kalacaklardır. Hiçbir meditasyon onlara kolayca yardım edemez, hiçbir felsefe, hiçbir din, hiçbir ahlak onları birlikte yaşadıkları erkeklerin yanında rahat hissettiremez. Ve sonra hayal kırıklığı, öfke... Çünkü modern bilim ve eski Tantra der ki, bir kadın yoğun bir şekilde tatmin olmadığı, orgazm olmadığı zaman aile içinde sorun olacaktır. Onun eksikliğini hissettiği şey sinirlilik yaratacak ve her zaman savaşan bir ruh hali içinde olacaktır.

Bu yüzden eğer karın devamlı bir savaş halinde ise tüm olayı bir kez daha düşün. Yalnızca karın değil, sebep sen de olabilirsin. Kadınlar orgazm olamadıkları için, cinsellik karşıtı olurlar. Kolayca ilişkiye girmek istemezler. Onlara rüşvet vermek gerekir; cinselliğe hazır değillerdir. Neden hazır olsunlar, çünkü cinsellik aracılığı ile asla derin bir mutluluk yaşamazlar. Daha çok, cinsellikten sonra erkeğin onları kullandığını, kullanıldıklarını hissederler. Kendilerini kullanılıp atılmış bir paçavra gibi hissederler.

Erkek tatmin olur, çünkü boşalmıştır. Sonra gider, uyur. Karısı ise ağlar. Kullanılmıştır ve bu deneyim onun için hiç de tatmin edici olmamıştır. Kocasını, âşığını ya da arkadaşını rahatlatmış olabilir, ama onun için tatmin edici olmamıştır.

Kadınların yüzde doksanı orgazmın ne olduğunu bilmez bile, çünkü onu asla tanımamışlardır; bedenin bu mutlu çırpınışını, her lifin titrediği, her hücrenin canlandığı o mutlu anı hiç tanımamışlardır. Ona ulaşmamışlardır ve bunun sebebi, toplumdaki cinsellik karşıtı tavırdır. Savaşan zihin oradadır, bu yüzden kadın o kadar bastırılmıştır ki frijit olmuştur.

Erkek eylemi, sanki bu bir günahmış gibi yapmaya devam eder. Kendini suçlu hisseder; bilir ki, "yapılmamalıdır." Ve karısı ya da sevgilisiyle sevişirken, bir *mahatma* düşünür: "*Mahatma'ya* nasıl gitmeli ve bu cinselliği, bu suçu, bu günahı nasıl aşmalı."

Mahatmalardan kurtulmak çok zordur; onlar her zaman oradadır. Sevişirken bile iki kişi değilsiniz – bir *mahatma* orada olmalıdır, demek ki üç kişisiniz. Ve hiç *mahatma* olmasa da, Tanrı bu günahı işlerken seni gözlüyordur. İnsanların zihnindeki Tanrı kavramı, daima seni izleyen röntgenci Tom gibidir. Bu tavır endişe yaratır. Ve endişe oradayken, boşalma çabuk gerçekleşir.

Endişe olmadığı zaman, boşalma saatlerce ertelenebilir – hatta günlerce. Ve buna ihtiyaç da yoktur! Aşk derinse ve her iki beden birbirini canlandırabiliyorsa, o zaman boşalma tamamen durabilir. İki âşık yıllarca boşalma olmadan, enerji harcamadan birleşebilir. Birbirlerinde gevşeyebilirler. Bedenleri birleşir ve gevşerler; girerler ve gevşerler. Ve eninde sonunda, o zaman cinsellik bir heyecan olmaktan çıkar. Şu anda bu bir heyecandır. O zaman bir heyecan olmaz, bir gevşeme, derin bir salıverme olur.

Ama bu, ancak içinde ki yaşam enerjisine, yaşam gücüne teslim olursan mümkün olur. Ancak o zaman sevgiline ya da âşığına teslim olabilirsin.

Tantra der ki: "Heyecanlı olduğunda asla sevişme!" Bu çok saçma görünür, çünkü heyecanlı olduğunda sevişmek istersin. Her iki âşık, aşk yapabilmek için birbirlerini heyecanlandırırlar. Ama Tantra der ki, heyecan içinde enerji harcamaktasın. Sakinken, dinginken, meditasyon halinde aşk yap. İlk önce meditasyon yap, sonra aşk... Ve aşkta da, sınırın ötesine geçme! Ne demek istiyorum, "Sınırın ötesine geçme!" derken? Heyecanlanma, şiddet kullanma, böylece enerjin dağılmaz.

Sevişen bir çift gördüğünde onların savaştıklarını düşünebilirsin. Bazen anneleriyle babasını gören küçük çocuklar, babalarının annelerini öldüreceğini sanır. Şiddet dolu görünür; bir kavga gibi görünür. Güzel değildir; çirkin görünür.

Sevişme daha müzikli, daha ahenkli olmalıdır. İki eş sanki dans ediyor gibi olmalıdır, savaşıyor gibi değil – tek bir ahenkli melodiyi mırıldanır gibi, her ikisinin de eriyeceği, bir olacağı bir atmosfer yaratıyor gibi. Ve sonra gevşemeliler. Tantra'nın anlamı budur. Tantra hiç cinsellik dolu değildir. Tantra *en az* cinsellik içeren şeydir ve cinsellikle ilgisi sınırlıdır. Ve eğer bu gevşeme yoluyla, salıverme yoluyla doğa sana sırlarını açıyorsa, buna şaşmamak gerekir. O zaman neler olduğunu fark etmeye başlarsın. Ve o farkındalık içinde pek çok sır zihninde açıklığa kavuşur.

İlkin, cinsellik yaşam verici olur. Şu anki haliyle, ölüm getirir. Onunla ölmektesin, kendini harcamaktasın, bozulmaktasın. İkinci olarak, cinsellik en derin doğal meditasyon olur. Düşüncelerin tamamen yok olur. Âşığın ile tamamen gevşediğin zaman, düşüncelerin yok olur, zihin artık orada değildir. Yalnızca yüreğin çarpar – zihin orada değildir. Doğal bir meditasyon olur. Ve eğer aşk sana meditasyonda yardımcı olamazsa, hiçbir şey olamaz, çünkü başka her şey yalnızca gereksizdir, yüzeyseldir. Eğer aşk yardımcı olamazsa, hiçbir şey olamaz!

Aşkın kendi meditasyonu vardır. Ama sen aşkı tanımazsın, sen yalnızca cinselliği bilirsin – ve enerjini harcamanın sefilliğini bilirsin. Ondan sonra keyfin kaçar. Ondan sonra *brahmacharya* yemini etmeye karar verirsin. Ve bu yemin depresyon içinde edilmiştir, bu yemin öfke içinde edilmiştir, bu yemin hayal kırıklığı içinde edilmiştir. Bunun yardımı olmaz.

Bir yemin ancak, derin, gevşemiş, meditasyon içindeki bir ruh halinde faydalı olur – ancak o zaman! Aksi halde yalnızca öfkeni, hayal kırıklığını göstermektesindir, başka bir şey değil ve yirmi dört saat içinde yeminini unutacaksındır. Enerji yine gelecektir, tıpkı eski bir alışkanlık gibi onu yaşamak zorunda kalacaksındır.

Bu yüzden cinsellik hapşırmak gibi bir şeydir, başka bir şey değil. Heyecan duyarsın ve sonra rahatlamak için hapşırmak zorunda kalırsın. Burnunda seni rahatsız eden bir şeyden kurtulmuş olursun – böylece cinsellik merkezinde seni rahatsız eden bir şeyden kurtulmuş olursun.

Tantra der ki, cinsellik çok derindir, çünkü o yaşamdır, ama sen yanlış sebeplerden dolayı ona ilgi duyabilirsin. Tantra'yla yanlış sebeplerden dolayı ilgilenme, o zaman Tantra'nın tehlikeli olduğunu hissetmezsin – o zaman Tantra yaşamı dönüştüren bir hale gelir.

Konuştuğumuz yöntemler Yoga'da da kullanılır, ama bir çelişki, bir savaş tavrı vardır. Tantra *aynı* yöntemleri kullanır, ama çok sevgi dolu bir tavır içinde. Bu da büyük bir fark yaratır. Tekniğin asıl niteliği değişir. Teknik farklı olur, çünkü bütün arka plan farklıdır.

Kendine şunu sor: *Tantra'nın esas konusu nedir?*

Sensin! Tantra'nın esas konusu sensin – şu anda ne olduğun, içinde büyüme olasılığı olan gizli şeyin ne olduğu, ne olduğun ve ne olabileceğin. Şu anda sen bir cinsel birimsin. Ve bu birim derinlikle anlaşılmadığı sürece bir ruh olamazsın; tinsel bir birim olamazsın. Cinsellik ve tinsellik bir enerjinin iki ucudur.

Tantra senin mevcut durumun ile başlar. Yoga senin olasılığın ile başlar. Yoga son ile başlar, Tantra başlangıç ile başlar. Ve başlangıç ile başlamak iyidir. Başlangıç ile başlamak her zaman iyidir, çünkü eğer son başlangıç olursa, o zaman kendin için gereksiz mutsuzluk yaratırsın. Sen o değilsin – o yalnızca ideal, bir Tanrı... İdeal olmak zorundasın; sen yalnızca bir hayvansındır. Ve bu hayvan Tanrı ideali yüzünden çılgınca hareket eder. Çıldırır, delirir.

Tantra, Tanrı'yı unutun, der. Eğer sen hayvansan, bu hayvanı kendi bütünlüğü içinde almalısın. Başlı başına bu anlayış içinde, Tanrı büyüyecektir. Ve eğer o anlayış yoluyla büyüyemezse, o zaman unut gitsin; asla büyüyemez. İdealler olasılıkları dışarı çıkaramaz; yalnızca gerçeğe dair bilgi faydalı olur. Bu yüzden, Tantra'nın esas konusu *sensin!* Olduğun gibi ve olabileceğin gibi, mevcut durumun ve olasılığın olarak. Esas konu bunlardır.

Bazen insanlar endişelenir. Tantra'yı anlamaya kalkışma. Tanrı tartışılmaz, *mokşa* tartışılmaz, *nirvana* tartışılmaz. Tantra ne tür bir dindir? Tantra seni tiksindirecek şeyleri tartışır; onları tartışmaktan hoşlanmazsın. Kim cinselliği tartışmak ister ki? Çünkü herkes bildiğini düşünür. Üreyebildiğin için, bildiğinimi düşünüyorsun?

Kimse cinselliği tartışmak istemez ve cinsellik herkesin sorunudur. Kimse aşkı tartışmak istemez, çünkü herkes zaten harika bir âşık olduğunu düşünür. Bir de yaşamına bak! Sırf nefret doludur, başka bir şey değil. Ve aşka ne dersen de, o yalnızca gevşemedir, nefrete karşı birazcık gevşeme. Çevrene bak, o zaman ne bildiğini ve ne bilmediğini göreceksin.

Aklıma geldi... Bir Yahudi'den, bir Hasidik öğretmen **Baal Shem**'den söz edildiğini duymuştum: Her gün bir giysi için terzisine gitmiş ve terzinin bu fakir için, bu zavallı fakir için bir giysi yapması altı ay almış! Giysi hazır olduğunda, terzi onu Baal Shem'e vermiş ve Baal Shem sormuş, "Söyle bana, Tanrı bile dünyayı altı günde yarattı. Tanrı'nın tüm dünyayı yaratması altı gün sürdü ve senin bu yoksul adamın giysisini yapman altı ay sürdü. Neden?"

Baal Shem anılarında terziyi hatırladı. Terzi şöyle demiş, "Evet, Tanrı dünyayı altı günde yarattı, ama dünyaya bir bak – nasıl bir dünya yaratmış!

Çevrene bir bak; yarattığın dünyaya bir bak. O zaman hiçbir şey bilmediğini anlayacaksın. Yalnızca karanlıkta el yordamı ile ilerliyorsun. Ve başka herkesin de karanlıkta el yordamı ile ilerlemesi, aydınlıkta yaşadığın anlamına gelmez. Herkes karanlıkta el yordamı ile ilerlediğinden kendini iyi hissedersin, çünkü karşılaştırılacak başka şey yoktur.

Ama sen karanlıktası ve Tantra işe, senin mevcut halinle başlar. Tantra seni yadsıyamayacağın temel şeyler konusunda aydınlatmak ister. Ya da eğer onları yadsımaya çalışırsan, kaybedecek olan sensin.

İkinci soru:

İnsan cinsel eylemi nasıl bir meditasyon deneyimine dönüştürebilir? Sekste özel pozisyonlar mı denemek gerek?

Pozisyonların konumuzla ilgisi yoktur; pozisyonlar çok anlamlı değildir. Asıl mesele zihnin yaklaşımıdır – bedenin pozisyonu değil, zihnin pozisyonu önemlidir. Ama zihnini değiştirirsen pozisyonları da değiştirmek isteyebilirsin, çünkü bunlar ilişkilidir. Ama temel değildirler.

Örneğin, erkek her zaman kadının üzerindedir – kadının tepesindedir. Bu egoist bir duruştur, çünkü erkek her zaman daha iyi, daha üstün, daha yüksek hisseder kendini. Nasıl kadının altında olabilir ki? Ama tüm dünyada, ilkel toplumlarda, kadın erkeğin üstündedir. Bu yüzden Afrika'da bu pozisyon misyoner pozisyonu olarak bilinir. Misyonerler, Hıristiyan misyonerler Afrika'ya ilk gittiklerinde, bu pozisyonda birleşiyorlardı. İlkel kabileler bunu anlamakta güçlük çektiler: "Ne yapıyor bunlar? Kadını öldürecekler!"

Afrikalı ilkeller misyoner pozisyonunun vahşice olduğunu söylerler – erkeğin kadının üstünde olmasını aptalca bulurlar. Kadın zayıftır, narindir, erkeğin üstünde olması gerekir. Ama erkeğin kendini kadının altında, ondan daha aşağıda düşünmesi güçtür.

Eğer zihnin değişirse, pek çok şey değişecektir *–pek çok* şey değişecektir. Kadının üstte olması daha iyidir, bunun pek çok sebebi vardır. Çünkü kadın üstte olduğu zaman... Pasiftir, fazla şiddet göstermeyecektir. Rahatlayacaktır. Ve altındaki erkek de fazla şey yapamayacaktır – gevşemek zorunda kalacaktır. Bu iyidir. Erkek üstte olsaydı, şiddet dolu olacaktı. Çok şey yapacaktı ve senin aslında bir şey yapmana gerek duymayacaktı. Tantra'da gevşemek esastır, bu yüzden kadının üstte olması iyidir. Herhangi bir erkekten daha iyi gevşeyebilir. Kadın psikolojisi daha pasiftir, bu yüzden gevşeme kolay olur.

Pozisyonlar değişecektir, ama pozisyonlar fazla canını sıkmasın. İlk önce zihnini değiştir. Yaşam gücüne teslim ol; içinde süzül. Bazen, eğer *gerçekten* teslim olduysan, bedenlerin o an ihtiyaç duyulan doğru pozisyonu kendiliğinden alır. Eğer her iki eş yoğun bir şekilde teslim olduysa, o zaman bedenleri o an gereken *doğru* duruşu alacaktır.

Ve her gün durumlar değişir, bu yüzden onları önceden ayarlamanın gereği yoktur. Bu hata olur – ayarlamaya çalışman hata olur. Ne zaman ayarlamaya çalışsan, zihnin tarafından ayarlanır. O zaman teslim olmazsın.

Teslim olursan, o zaman bırak olaylar kendileri şekillensin. Ve o zaman harika bir ahenk olur – eşlerden ikisi de teslim olduğu zaman, pek çok duruş deneyeceklerdir ya da onları denemeyecek, yalnızca gevşeyeceklerdir. Ama bu yaşam gücüne bağlıdır, senin önceden beyninle aldığın karara değil. Hiçbir şey için önceden karar vermene gerek yok! O karardır sorun olan. Sevişmek için bile karar verirsin. Sevişmek için bile gidip kitaplara danışırsın. Nasıl sevişileceğini anlatan kitaplar vardır. Bu, ne tür bir insan zihni ürettiğimizi gösterir – nasıl seviştiğimizi. O zaman sevişme beyne ait olur; her şeyi düşünürsün. Aslında, zihinde bir prova yaparsın ve sonra onu oynarsın. Bu bir kopyadır; o zaman hiç gerçek değildir. Bir provayı oynuyorsundur. Rol yapmak olur, –otantik değildir.

Yalnızca teslim ol ve güç her nereye gidiyorsa, onunla beraber hareket et. Korku nedir? Neden korkasın? Eğer âşığının yanında korkusuz olamıyorsan, o zaman nerede korkusuz olacaksın? Ve yaşam gücünün kendisine faydalı olduğu ve gerektiği zaman *doğru* yolu bulduğu duygusuna sahip olursan, bu sana tüm yaşam hakkında temel bir sezgi verecektir. O zaman tüm yaşamını ilahi olana bırakabilirsin. Senin sevgilin odur.

O zaman tüm yaşamını ilahi olana bırakırsın. O zaman düşünmezsin, planlamazsın. Geleceği sana uyması için zorlamazsın. Yalnızca geleceğe göre, bütüne göre ilerleme izni verirsin.

Ama cinsel eylemi nasıl meditasyon kılmalı? Bu yalnızca teslim olarak gerçekleşir. Onun hakkında düşünme – bırak olsun. Ve gevşe; ilerleme. Zihin söz konusu olduğunda en temel sorunlardan biri budur:

Hep ilerler. Her zaman sonucu arar ve sonuç gelecektedir. Bu yüzden asla eylemin içinde değilsindir; her zaman gelecektesindir, sonucu aramaktasındır. O arayış her şeyi bozar; her şeyi yok eder.

Yalnızca eylemin içinde ol. Geleceği unut! Gelecektir: Onun için endişelenmen gerekmez. Ve onu endişelenerek getirmeyeceksin. Zaten geliyor; çoktan geldi. Onu unut. Yalnızca burada, şu anda ol.

Ve cinsellik burada ve şu anda olmak konusunda derin bir kavrayış olabilir. Bence bu, burada ve şu anda olabildiğin, geriye kalmış tek eylemdir. Ofiste burada ve şu anda olamazsın; üniversitede okurken burada ve şu anda olamazsın; bu modern dünyada hiçbir yerde burada ve şu anda olamazsın. Yalnızca aşkta burada ve şu anda olabilirsin.

Ama orada bile değilsinidir. Sonucu düşünmektesindir. Ve şimdi pek çok modern kitap yeni sorunlar yaratmıştır. Çünkü sevişme konusunda bir kitap okursun ve sonra onu doğru yapıp yapmadığın konusunda endişelenirsin. Bir pozisyonun nasıl gerçekleşeceği, nasıl bir pozisyon olduğu hakkında kitap okursun ve sonra doğru pozisyonu alıp alamadığın konusunda endişelenirsin.

Psikologlar zihin için yeni endişeler yaratmıştır. Şimdi diyorlar ki, koca karısının orgazm olup olmadığını hatırlamalı. İyi, ama bu yüzden koca endişelenir: "Karım orgazm oluyor mu, olmuyor mu?" Ve *bu* endişenin bir faydası olmayacaktır; bir engel olacaktır.

Ve şimdi karısı kocasının tamamen gevşemesine yardımcı olup olamadığı konusunda endişelenir. Bu yüzden gülümsemelidir ya da kendini çok mutlu hissettiğini göstermelidir. Her şey sahte olur! Her ikisi de sonuç hakkında endişelenmektedir. Ve bu endişe yüzünden o sonuç asla gelmez.

Her şeyi unut. O ana ak ve bedenine izin ver – bedenleriniz ne yapacağını çok iyi bilir; onların kendilerine özgü bilgeliği vardır. Bedenleriniz cinsiyet hücrelerinden yapılmıştır. İçinde bir program vardır; sana hiç soru sorulmaz. Yalnızca her şeyi bedene bırak, beden ilerleyecektir. Bu bırakış, bu salıverme otomatik olarak meditasyonu yaratacaktır.

Ve eğer onu cinselliğin içinde hissedebiliyorsan, o zaman bir şeyi biliyorsun: Ne zaman teslim olursan kendini hep aynı şekilde hissedeceksin. O zaman bir Usta'ya da teslim olabilirsin – bu bir aşk ilişkisidir. Bir Usta'ya teslim olursun ve o zaman, başını onun ayaklarına koyarken, başın boşalır. Meditasyona başlarsın.

O zaman bir Usta'ya da gerek yoktur – dışarı çıkıp gökyüzüne teslim olabilirsin. *Nasıl teslim olacağını* bilirsin, hepsi bu. Gidip bir ağaca teslim olabilirsin... Ve aptalca görünmesinin sebebi budur, çünkü nasıl teslim olacağımızı bilmiyoruz. Irmağa giden, ırmağa teslim olan, ırmağa 'Anne', 'ilahi Anne' diyen ya da doğan güneşe teslim olan ve doğan güneşe 'Büyük Tanrı' diyen ya da bir ağaca giden, başını onun köklerine dayayan ve teslim olan bir insan –ilkel bir insan, bir köylü– görürüz.

Bizim için hurafedir. "Ne saçmalıyorsun? Ağaç ne yapabilir? Irmak ne yapabilir? Onlar ne Tanrı ne Tanrıça! Güneş dediğin de nedir? Güneş Tanrı değil ki." dersin. Teslim olmayı başarabiliyorsan her şey birer Tanrı olur. Bu yüzden, senin teslimiyetin ilahi olanı yaratır. İlahi olan hiçbir şey yoktur; yalnızca ilahi olanı yaratan, teslim olmuş zihin vardır.

Karına teslim olursan, ilahi olur; kocana teslim olursan, ilahi olur. İlahi olan teslimiyetle açığa çıkar. Bir taşa teslim olursan, artık o bir taş değildir – taş bir heykel olmuştur, canlı olmuştur, bir kişi olmuştur.

Bu yüzden, nasıl teslim olacağını bil... Ve ben "nasıl teslim olunacağı," derken, tekniği bilmekten bahsetmiyorum. Aşkta teslim olmak için doğal bir olasılığın olduğunu kastediyorum. Orada teslim ol, onu orada hisset. Ve sonra, onun tüm yaşamına yayılmasına izin ver.

Meditasyon Tatil Köyü

ULUSLARARASI OSHO KOMÜNÜ

Uluslararası Osho komünü, Osho'nun Hindistan'da kurduğu meditasyon tatil köyü öğretilerinin uygulanabildiği bir vahadır ve yılda yüz farklı ülkeden binlerce ziyaretçiyi cezbetmektedir. Pune, Hindistan'da, Bombay'ın yüz altmış kilometre güneydoğusunda bulunan tesisler, Koregaon Parkı olarak bilinen ağaçlıklı bir banliyöde on üç hektar alan kaplamaktadır. Tatil köyünün kendisi konuklar için ikamet sağlamasa da, yakında değişik oteller vardır.

Tatil köyü meditasyon programları Osho'nun nitelik olarak yeni, coşkuyla günlük yaşama katılabilecek ve sessizlikte gevşeyebilecek yeni insan vizyonuna dayalıdır. Çoğu program çağdaş, klimalı tesislerde gerçekleştirilir ve kısa ve uzun meditasyon kursları, yaratıcı sanatlar, tümleyici tedaviler, kişisel gelişme ve spor ile eğlenceye "Zen" yaklaşımı konularını içerir.

Tatil köyündeki açık kafeler ve restoranlar geleneksel Hint yemekleri, değişik uluslararası yemekler sunar ve bunların hepsi komünün kendi çiftliğinde yetiştirilen sebzelerle yapılır. Kampüsün kendi güvenli, filtre edilmiş su kaynağı vardır.

Rezervasyon için ABD'de (323) 563-6075 numarasını arayınız ya da en yakınınızdaki Pune Bilgi Merkezi için osho.com adresine bakınız.

Daha fazla bilgi için: www.osho.com

Değişik dillerde ayrıntılı bir web sitesi. Sitede meditasyon tatil köyünde online tur, kitaplar ve teypler üzerine bilgi, dünyadaki Osho bilgi merkezleri, Osho'nun konuşmalarından seçmeler var.

Osho International
80 Fifth Avenue, Suite 1403
New York, NY 10011
USA
Telefon: +1 212 475 18 22
Fax: +1 212 475 58 33
e-posta:oshointernational@oshointernational.com